내가 당신을
계속 걱정해도 될까요?

내가 당신을 계속 걱정해도 될까요?
– 마음을 치유하는 7가지 처방전 –

1판 1쇄 발행 | 2021년 11월11일

지 은 이 | 김영돈
펴 낸 이 | 이성범
펴 낸 곳 | 도서출판 타래
표지디자인 | 김인수
본문디자인 | 이정은

주　　소 | 서울시 영등포구 양평로30길 14, 911호 (세종앤까뮤스퀘어)
전　　화 | (02)2277-9684~5 / 팩스 | (02)323-9686
전자우편 | taraepub@nate.com
출판등록 | 제2012-000232호

ISBN | 978-89-8250-143-2 (03180)

- 이 책은 저작권법에 의해 한국 내에서 보호를 받는 저작물이므로 무단 전재와 부단 복제를 금합니다.
- 값은 뒤표지에 있습니다.
- 파본은 구입한 서점에서 교환해 드립니다.

걱정을 다스리는 의사소통법

내가 당신을 계속 걱정해도 될까요?

마음에 상처를 입으면 마음은 주인의 말을 듣지 않는다.

김영돈 지음

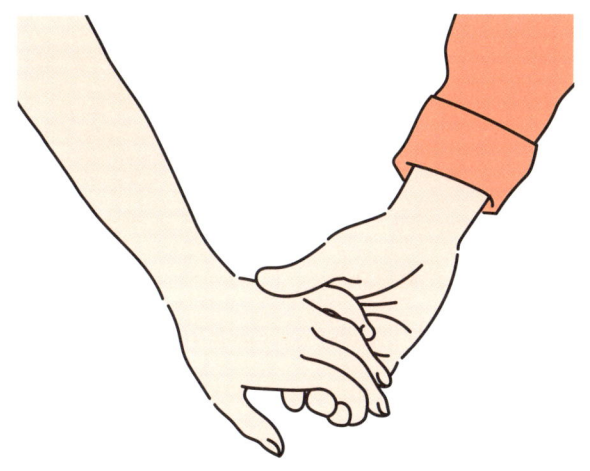

도서출판 타래

프롤로그

"당신 어때요? 내가 당신을 계속 걱정해도 될까요?"

이 말을 하고 돌아오는 길은 늘 먹먹했다. 어쩌면 나 자신을 위로하기 위해 나에게 전해주고 싶은 말이기 때문일 것이다.

변화는 가능할까?
누구에게나 유익하다고 생각되는 일도 '당사자의 마음이 내키지 않는다면' 변화를 기대하기 어려울 것이다. 변화를 돕기 위해 흔히 사용하는 교육, 상담, 코칭, 설득, 지적, 교정, 지시, 논쟁, 동정, 협박, 엄포, 엄포 반 동정 반 등의 변화 기제는 교육자, 코치, 상담가, 부모 등이 원하는 목표 달성에는 효과적일 수 있지만 '마음' 문제에서는 고민할 필요가 있다. 이는 일상에서 항상 시도하면서 행동습관으로 이어지지 않는 일들을 보면 쉽게 알 수 있다.

'사람은 변하지 않는다'. 하물며 '성품', '성격' 문제까지 고민할 정도라면 문제는 심각해진다. '불치병을 치료하는 명의에게 감기 정도는 쉽지 않을까?'라는 돌발적인 생각으로 '마음'과 마주한 지 10년이 흘렀다. 역시 '마음'은 보통내기가 아니었다. 그 에너지뿐만 아니라 교활, 영민, 변화무쌍은 상상을 초월했다. '마음'의 소유자가 사랑하는 사람이라면, 아무에게도 기댈 곳 없는 아픈 이웃이라면, 항상 만나야 하는 공동체 일원이라면 어떻게 해야 할까?

상처 입은 마음은 주인(진짜 자기) 말을 듣지 않는다. 이렇게 상처난 마음은 어떤 일도 원하는 대로 해내기 쉽지 않다. 나는 노숙인들에게서 그것을 확인했다. 활동에 참여했던 분들은 이렇게 말했다.

"그동안 자란 딸을 한 번쯤 보고 싶다", "형제와 오붓한 시간을 갖고 싶다", "부모님을 뵙고 작은 효도라도 하고 싶다", "아내를 만나 사과하고 싶다" 하지만 그들의 상처난 마음은 그런 소망을 일거에 묵살했다. 마음은 연민의 화살을 자신에게 돌리며 변화의 의지를 막았다. 상처난 마음은 '네 주제에 그럴 가치가 있냐?'라는 부정적 자기연민으로 쏘아붙였다. 상처난 마음은 '변화의 의지와 결단'을 꺾고 행동 실천을 방해하고 있었다.

많은 아픈 마음들이 호소하는 문제의 핵심은 '내 걱정을 물어주고 아픔을 알아주고 내가 얼마나 애쓰는지 인정해달라'라는 것이었다. 변화를 돕는 매체로 '변화를 돕는 의사소통 카드'를 사용했다. 동기 면담식 의사소통 기법을 활용해 활동을 진행했다. 동기 면담은 알코올 중독은 물론 각종 비자발적 내담자 상담, 중독, 의료, 사회복지 분야에서 효과가 입증된 의사소통 방식이다. 동기 면담 기술(열린 질문, 인정하기, 반영하기, 요약하기)과 정신(협동, 동정, 수용, 유발), 과정(관계 형성, 초점 맞추기, 유발하기, 계획하기)을 적용해 3년여 동안 진행했고 현재도 진행 중이다.

정든 집을 떠나는 것은 마음의 깊은 상처를 동반한다. 상실, 관계 단절, 능력에 대한 실망, 자율적 결정력 결핍으로 거리에 나서면 사회조직 체제에서 벗어난 채 무기력하게 살아간다. 이는 사회적으로 엄청난 인력·예산 낭비를 초래할 뿐만 아니라 사회의 건강한 발전도 해친다. 상처난 마음에 '변화 의지'를 불러일으켜 '삶의 의미'를 찾도록 도와주는 것이 재정적, 물질적 지원보다 중요한 이유가 여기에 있다.

그런 뜻에서 '변화를 돕는 의사소통 카드'를 노숙인에게 적용한 경험을 모았다. 집을 떠난 마음들은 싸늘했다. 더할 수 없는 수치심을 경험해도 좀처럼 돌아가고 싶지 않은 집, 그 집으로 향하는 발걸음을 막은 것은 바로 '상처난 마음들'이었다. '상처난 마음'의 서슬 앞에서 '진짜 나'의 삶은 병들어갔다. 나는 결국 마음 앞에서 걱정하게 되었다. 걱정에 앞서 무엇보다 걱정할 힘이 필요했다. 상처난 마음을 치유하는 데 걱정하며 버텨줄 힘이 필요하다는 사실을 알게 되었다. 나는 '누군가를 걱정할 힘이 있다면 그곳으로 가자'라는 결론에 이르렀다.

변화의 대상은 걱정의 대상과 일치했다. 변화를 이뤄낼 수는 없더라도 계속 걱정할 수는 있었다. 그래서 걱정의 크기만큼 내가 할 수 있는 시간과 공간, 마음을 실어가며 살아가는 삶은 '그 자체로 의미가 있다'라고 방향을 잡았다. 그러고 보니 걱정 대상은 주변에 너무나 많았다. 그 중심에 '나'라는 인간의 실체가 보인 것은 걱정이 선사한 선물이다. 걱정을 질문할수록 인간의 힘으로 감당하지 못할 '인생의 오점'이 보였다. 그 오점을 감당하며 애쓰는 모습은 그 자체로 희망의 끈이 되었다.

상처받은 마음에 갇혀 헤매는 삶은 어둠 속에서 험난한 산을 넘는 것과 같다. 인간의 힘으로 감당하기 버거운 '예측불허의 오점' 앞에서 누군가 끊임없이 걱정해주고 아픔을 이해하고 애씀을 인정해주는 것은 '어둠 속 한 줄기 빛'이 될 수 있다. 그것은 노숙인뿐만 아니라 아픔을 숨기고 태연하게 살아가는 우리 '마음'에 물어보면 금방 대답해줄 것이다.

"당신, 어디 있어요? 지금 마음이 어떠세요? 어떻게 견디고 있어요?"

걱정을 묻고 그가 얼마나 애쓰는지 인정해주고 지켜봐 줄 때 비로소 '변화의 길'로 스스로 향할 것이다. 어떤 공감도 진심으로 다가서는 걱정보다 낫지 않았다. '내가 당신을 계속 걱정해도 될까요?'는 5장으로 구성되었다.

1장에서는 집을 떠날 수밖에 없었던 마음을 들여다본다. 한두 가지 원인으로 단정할 수 없는 개인의 심리적, 사회적 경험을 통해 마음이 아픈 이유를 들여다본다. 마음이 상처받는 과정을 통해 상처를 이해할 수 있기 때문이다.

2장에서는 누구나 꿈꾸는 '가족, 건강, 일'을 모두 잃고 거리로 나서는 마음을 함께 들여다보며 지지 체계의 상실이 마음에 어떤 영향을 미칠 수 있는지 고민해본다.

3장에서는 '손상된 마음'에 다가서는 7가지 처방법을 제시한다. 알코올 중독자뿐만 아니라 도박, 흡연, 약물, 게임 등 다양한 분야의 중독자, 재소자 등 비자발적 대상자에게 효과가 입증된 '동기 면담식' 의사소통 기법에 근거한 처방전이다.

4장에서는 변화를 돕는 의사소통 활동의 실전 모습을 보여준다. 2018년부터 시설에 거주하는 노숙인을 대상으로 동기면담 기반 '변화를 돕는 의사소통 카드' 활동을 진행하면서 적용한 활동기록을 제시한다.

5장에서는 사람의 마음을 살리는 실천적 치유 방법으로 면담자의 '걱정하기'를 제시한다. 변화를 돕기 위한 면담자의 깊은 공감법으로 걱정하며 다가서는 방법을 제안한다.

"당신 지금 어때요?"라는 한마디가 어떻게 사람의 마음을 움직일 수 있는지 알게 되었다. 활동에 다녀간 30여 명 친구, 여전히 활동에 참여 중인 친구, 소식 없이 떠나버린 우정어린 친구, 어디선가 말로 표현할 수 없는 아픔을 간직하고 살아가는 당신에게 전하고 싶은 말이 있다.

"당신 마음이 어때요? 괜찮은 거예요?"
"내가 당신을 계속 걱정해도 될까요?"

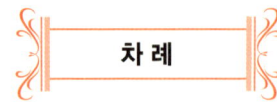

차례

- 프롤로그 /4

Chapter 1 마음의 골절상 /13
1. 상실 /15
2. 부정적 자기연민과 관계 단절 /22
3. 호기심 상실 /32
4. 능력에 대한 실망감 /41
5. 자율적 결정력 결핍 /49

Chapter 2 거리에서 /59
1. 가족, 그 정든 지옥 /61
2. 선택지에 없는 사람들 /70
3. 마음의 아킬레스 /78
4. 목발을 짚고 집을 나서며 /82

Chapter 3 따뜻한 전사가 되어 /91
1. 걱정 질문하기 /93
2. 아픔 이해하기 /101
3. 애씀 인정하기 /109
4. 옳고 그름 단정하지 않기 /117
5. 그의 한걸음 뒤에서 돕기 /127
6. 상대방의 지향점 부추기기 /134
7. 질문의 꽃 모아 프러포즈하기 /142

Chapter 4 닮아 비추기 /151
'변화를 돕는 의사소통 카드' 활동

1. 카드 매체의 활용 /153
2. 동기 면담을 적용한 의사소통 카드 /158
3. '변화를 돕는 의사소통 카드' 활동 설계 /170
4. '변화를 돕는 의사소통 카드' 활동 내용 /173

　활동 1. 관계 열기
　활동 2. 가치 찾기와 의사소통 스타일 알기
　활동 3. 변화의 성격과 단계 알아보기
　활동 4. 내적 동기 탐색하기
　활동 5. 시도한 모습 되새겨보기
　활동 6. 시도하는 내 모습 탐색하기
　활동 7. 행동 실천 준비 정도 확인하기
　활동 8. 습관을 생활 속에 녹이기

Chapter 5 길 위에서 길 찾기 /241

1. 진정으로 걱정해야 질문이 나온다 /243
2. 감정은 달라도 상관없다 /250
3. 걱정할 힘이 있어야 걱정해줄 수 있다 /257
4. 버텨주며 걱정하기 /264
5. 감정 전문가는 자신이다 /269
6. 내가 당신을 계속 걱정해도 될까요? /274

・에필로그 내가 당신을 계속 걱정해도 될까요? /280
・저자 후기 공간에 나만 덩그러니 /283
・참고문헌 /301

Chapter

1

마음의 골절상

1

상실

레디, 액션, 그리고 엔딩. 영화 제작 장면 위로 자막이 오를 때 자리를 뜨지 못하고 우두커니 앉아 있을 때가 있다. 비상구라고 쓰인 화살표를 통해 하나둘 빠져나가고 운영요원이 다가와 '영화 끝났습니다. 퇴장해주세요'라고 하면 그때서야 일어서며 드는 생각이 있다. '그래, 다시 시작하면 되겠구나!' 임지호 셰프의 다큐멘터리 영화 〈밥정〉을 보고 나서도 그랬다.

낳아준 어머니, 길러준 어머니, 길에서 만난 어머니에 대한 그리움으로 세상을 떠도는 방랑 식객의 이야기다. 멀미 때문에 차를 탈 수 없는 지리산 어머니를 위해, 낳은 자식을 남에게 다시 맡겨야 했던 생모를 위해, 자식의 속을 가슴에 묻고 평생을 살다가 떠난 길러준 어머니를 위해 그는 밤새 음식을 준비한다. 어머니가 가보지 못한 바다와 비, 바람, 눈, 그리움과 미안함을 모두 담아 어머니를 위한 한 상을 차린다. 밥 한 끼 내 손으로 대접하지 못한 어머니에 대한 셰프만의 의식일 것이다. 누군가에게 밥 한 끼를 정성껏 차려주면 그가 밥을 맛있게 먹고 그 마음이 움직여 어머니에게 닿을 거라는 믿음으로 요리하는 주인공에게 어머니를 향한 그리움이 보였다. 그는 상실과 그리움을 요리로 채워 나가는 삶을 선택했다.

이처럼 원가족은 한 사람의 일생을 따라다닌다. 그러므로 원가족 지지 체계의 상실은 평생 다뤄야 할 과제다. 원가족 지지 체계의 상실은 세 가지로 나타난다. 우선 지지 체계의 원천인 가족을 실망시킨 자신을 비하하게 된다. 그중 가족 간 돈거래가 큰 비중을 차지한다. 금전거래로 등진 가족 사례는 주변에서 쉽게 볼 수 있다. 이는 돈 문제가 상호신뢰를 무너뜨렸기 때문이다. '우리가 남이가' 문제는 돈거래에서 되짚어보아야 한다. 남이 아니기 때문에 더 철저히 지켜야 한다. 가족 간 돈거래로 시작되는 작은 불신은 타인과의 거래보다 더 큰 상처로 다가온다. '가족 잃고 돈 잃고'. 이

Chapter 1. 마음의 골절상

상실감을 만회하려고 무리하게 불법 사업에 손대거나 허황된 사기도박 등에 빠지기도 한다. 심지어 성인이 되어서도 정상적인 가정을 꾸리지 못하고 이혼과 이직을 반복한다.

두 번째는 태생적으로 열악한 가정 환경이다. 가난한 가정형편 때문에 남들처럼 학업을 계속하지 못했거나 무책임한 부모의 일방적인 잔소리는 성장기 아이를 정신적 충격에 빠뜨린다. 결국 가난이 자신의 모든 것을 앗아갔다는 자포자기 심정이 된다.

세 번째는 가장의 소임을 다하지 못한 데서 오는 무력감

1. 상실

이다. 고용불안, 신용불량, 잘못된 술버릇 등으로 가장의 소임을 다하지 못하고 가족에게 오히려 짐이 되는 자신에 대한 무력감이다. 지지 체계의 상실은 자신의 의도와 상관없이 예고없이 불쑥 찾아온다. 가족이라는 울타리는 우리 삶의 원천이자 우리 모두의 원죄와 같다. 원가족은 삶의 근원적 지지 체계가 되지만 이 원가족 지지 체계의 상실은 우리 삶의 가장 치명적인 결핍으로 자리잡는다. 많은 노숙인은 이와 같은 근원적인 상실감을 극복하지 못하고 거리로 나선다.

'원가족 지지 체계의 상실'은 마음에 치명적인 골절상을 입힌다. 어떻게 살아갈 수 있단 말인가! 머리가 총명하지 않아도 결코 잊혀지지 않는 추억들, 힘든 시절 함께 나눠 먹던 밥, 아들이 총각김치를 씹어먹는 모습을 보고 총각김치를 따라 먹다가 틀니가 쑥 빠졌던 어머니, 눈밭에 누워 뒹굴던 천진난만한 미소의 형제, 환하게 웃어주던 조카의 덧니와 우직한 손, 돌 지난 동생의 초롱초롱한 눈매, 하회탈같이 웃어주던 삼촌의 미소…. 이들을 잃고 어떻게 밥을 삼킨단 말인가! 하지만 상실은 그 누구의 잘못도 아니다. 누구를 탓할 수도 없이 느닷없이 닥친다. 오래 전에 예정되어 있던 일처럼 불쑥 불청객처럼 들이닥친다. 하지만 어떻게 살아가야 한단 말인가!

나도 이런 상실감을 떼어내려고 부단히 애썼다. 상실의 상처는 몸부림칠수록 더 옥죄었다. 따라서 상실의 상처는 안고 받아들이고 견딜 시간이 필요하다. 짧은 시간에 만회하거나 후회를 회복하려고 서둘면 상처는 더 악화된다. 그러므로 차분히 마음을 가라앉히고 흙탕물이 된 기억의 앙금이 바닥에 가라앉을 때까지 시간이 필요하다. 자신이 통제할 수 없는 현실을 받아들일 때까지 긴 어둠의 터널을 통과해야 한다.

그렇게 그가 없이도 먹고 자고 웃을 수 있다는 사실을 받아들여야 한다. 상실의 구멍을 파내면 상처는 덧난다. 덧난 상처는 지혈이 되지 않고 고름이 고인다. 천천히 조금씩 들여다보며 받아들이고 상처를 다루며 살아가야 한다. 그래야 상처가 아문다. 시간이 흘러 문득 들여다보면 죽을 것만 같던 상실의 구멍이 옹이처럼 굳은 모습을 발견하게 된다. 아픈 상처도 세월이 지나면 아물고 무뎌진다. 이때 상실의 아픔을 견뎌내는 동안 마음으로 깊이 걱정해주는 사람은 큰 힘이 된다.

1. 상실

외상 중에서 상실은 받아들이기 가장 어렵다. 영화 〈밀양〉의 신애가 경험한 상실감을 보면 그 고통이 극복하기 얼마나 힘든지 알 수 있다. 외도한 남편의 교통사고와 사망, 귀향, 아들의 유괴사건과 죽음, 게다가 범인은 아들의 웅변학원 원장으로 평범한 외모의 소유자로 다정다감한 이중인격자였다. 아들을 화장하는 자리에서 시어머니는 이렇게 쏘아붙였다. '너 때문에 아들, 손자가 다 죽었어. 넌 어떻게 눈물 한 방울 안 흘리니?' 시어머니의 이 한마디에 그녀는 극도의 현실 부정, 해리 상태가 된다. 그녀는 상실의 상처를 절대자의 품에서 치유하고 보살핌을 받고 싶었다. 그녀는 범인을 용서하려고 작심했다. 하지만 범인은 하나님으로부터 이미 죄를 용서받았다면서 잘 살고 있으니 걱정하지 말라며 오히려 주인공 신애를 위로한다. '하나님이 가해자를 먼저 용서하고 평안을 주시다니!'

충격을 받은 신애는 남성 성도를 유혹하거나 신도에게 돌을 던지며 극도로 흥분한다. 집에 돌아와 머리를 자르고 머리카락이 하수구로 떠내려가며 엔딩 자막이 올라간다. 상실의 트라우마는 느닷없이 찾아오므로 도망치거나 회피할 수 없다는 것이 특징이다. 꼼짝없이 당할 수밖에 없는 대상이 하필 자신이라는 사실을 인식하는 순간 몰려오는 두려움, 공포 등은 부정적 자기연민을 불러일으킨다.

상실의 아픔은 항상 준비가 안 된 상태에서 갑자기 찾아온다. 현실에서 맞이하는 상실은 영화 〈메이킹〉처럼 돌아볼 시간이 없다. 순식간에 준비도 없이 모든 것이 종료된다. 상실이라는 마음의 골절상을 치유하지 못하면 비틀대며 살아가야 한다. 상실감은 도미노와 같이 부정적 자기연민, 관계 단절, 호기심 상실, 능력에 대한 실망감, 자율적 결정력 결핍으로 이어진다.

1. 상실

2

부정적 자기연민과 관계 단절

지지 체계의 상실이 있다고 모두 블랙홀에 빠지는 것은 아니다.

'고통은 필연이지만 괴로움은 선택이다. 당신은 달리면서 너무 아파 더 이상 못 달리겠다는 생각이 들 수도 있다. 아픈 것은 피할 수 없다. 하지만 그것을 더 견딜지는 달리는 당신 자신에게 달려 있다.'

— 무라카미 하루키

지지 체계의 상실로 발생한 상처는 주홍글씨처럼 가슴에 박혀 있다. 그 상처가 옹이질 때까지는 어떤 계기나 시간, 지지 체계가 필요하다. 상처를 들여다보며 기다리는 시간,

그 더딘 시간을 견딜 힘이 필요하다. 하지만 지옥과 같은 그 기다림의 시간 속에 몰려오는 부정적 감정을 감당하기는 쉽지 않다. 생각할수록 아쉽고 억울하고 분하고 서운하다. 상처가 아물지 않은 상태에서 맞는 이런 감정은 자신을 몰아붙인다.

'왜 하필 나한테 이런 일이…, ○○이 아니었다면, 나는 원래 그런 인간인가?, 가치 없는 인간이 살아가려고 애쓴다. 쓸모없는 인생을 살고 있다. 안타깝다' 이처럼 자신에게 쏘아대는 '부정적 연민' 때문에 사람은 무너진다. 피가 흐르는 상처에 쏘아대는 이 부정적 연민은 술과 담배는 물론 도박, 마약, 분노 폭발, 자기학대, 불면증 등에 시달리다가 결국 자신을 단죄하기로 결심하고 자살을 시도하기도 한다. 자기부정이 시작되면 '나 같은 인간은 살 가치가 없다'라는 화살을 쏘아대며 자학한다. 못난 자신을 학대하다 보면 마음 한편에 후련함이 몰려와 세 번째, 네 번째 화살을 스스럼없이 쏘아대게 된다.

부정적 자기연민과 만성적 무기력은 상실감 이후 찾아오는 두 번째 화살이다. 부정적 자기연민은 자신이 저지른 실수를 반복해 파헤치며 꼬리에 꼬리를 무는 학대와 비난을 퍼붓기 시작한다. '이래 봬도 내가 사회에서 보석감정사였는데 종이상자 접기라니…'라는 부정적 자기연민에 시달리며 자신을 자책한다. 그러다 보면 대인관계가 움츠러들고 마음에 화가 치솟아 자신을 혹사한다. 사회에 적응하지 못하는 자신을 보며 자포자기 심정이 되어 술에 빠지거나 홧김에 방화를 시도하기도 한다.

이렇게 힘겹게 살아가는 자신이 측은하고 가련해 고의로 교통사고를 내기도 한다. 만성적 무기력은 실패를 반복하는 자신의 모습에 자살을 시도하기도 하는데 그마저 실패했

Chapter 1. 마음의 골절상

을 때 더 두드러지게 나타난다. 실패는 여러 가지 모습으로 나타난다. 명의 도용, 계좌 압류, 대인기피증, 자기학대, 나태의 늪. 이 늪에 빠지면 의욕마저 상실된다. 분노가 폭발해 이어지는 폭행, 불법 오락, 전화 금융사기 등에 시달리다 보면 자신에게 도움을 준 사람의 호의를 받아들이는 데도 서툴러진다.

자기연민은 자신의 결함에 대한 단죄, 속죄, 복수의 의미가 복합적으로 담겨 있다. '자, 그러지 마시고 당신 자신을 돌보세요. 누구에게나 일어날 수 있는 일입니다' 따위의 말이나 '당신, 그만하면 괜찮으니 더 못한 사람들을 보세요' 등의 말은 위로가 되지 않는다. 상처에 대한 부정적 연민이 쌓이면 관계가 단절되고 결국 무인도에 혼자 남은 심정이 된다. 용서가 안 되는 자신을 단죄하기 위해 최후의 수단으로 가출을 선택하게 되지만 마음의 상처는 가슴 속에 고스란히 남아 있다.

관계 탈출을 위해 시도한 위험한 비상, 하지만 마음 속 깊이 숨겨둔 상처는 번지점프의 고무줄처럼 관계들과 연결되어 있다. 뛰어내릴 때의 공포와 불안 그리고 결단 이후 한

두 번 허공에 튀어 오를 때마다 비상하기 위한 점프가 아니었다는 사실을 깨닫는다. 번지점프를 한 후 대롱대롱 매달린 채 갈고리에 의해 육지로 다시 올라오는 모습과 같다.

볼비는 애착 관계의 단절은 스트레스와 고립감을 줘 성격 형성에 절대적 영향을 미치며 평생 스트레스를 처리하는 개인의 능력에도 큰 영향을 미친다고 했다. 애착 관계의 단절은 신체 리듬을 교란하고 정서적 조절도 어렵게 해 극단적 절망감과 무력감을 경험하게 하고 애착 단절 상태가 지속되면 결국 알코올이나 약물 중독에 빠지기도 하며 서서히 인격의 황폐화까지 가게 된다. 일단 피하고 보자고 뛰쳐나온 거리는 불안, 우울, 외로움, 고립감을 불러일으킨다.

시설 노숙인이 느끼는 좌절은 인간의 교만, 불신, 탐욕 등이다. 인간은 어디까지 교만해질 수 있을까? 성경에도 '교만은 멸망의 선봉'이라고 했다. C는 이렇게 말했다. "여기까지 오면 더 이상 고개를 들 수 없는 상황 아닌가요? 그런데 이 안에서도 갑질이 있어요." 동료 간에 상대방을 이용하고 무시하며 인격적 차별을 하는 모습을 보고 처음 거리에 나설 때의 절망이 되살아났다는 것이다. 노숙을 시작할 때의 심리 내적 마음이 현재의 생활 속에서도 여전히 반복되고 있음을 방증하는 모습이다. 사람에 대한 불신은 가까운 대상자로부터 나타났다. 형제, 직장 동료, 아내, 죽마고우 등 세상에 믿을 수 있는 최후의 한 사람으로 여겼던 사람에게까지 뒤통수를 맞고 나면 사람에 대한 불신이 뿌리 깊이 자리잡는다. '사람은 사랑의 대상일 뿐 믿음의 대상은 사람들 속에 존재하지 않는다'라는 말이 실감나는 대목이다.

인간에게 좌절하는 이유는 인간의 끝없는 탐욕 때문이다. 한때 오락에 빠져 재산을 탕진했던 의사소통 카드 활동 프로그램 참여자는 만약 돈이 있었다면 틀림없이 마약까지 손댔을 거라고 말했다. 시설 생활 중에도 현실을 파악하지 못하고 월급을 받으면 흥청망청 탕진하며 자신의 처지를 망각한다는 것이다.

관계를 단절하는 두 번째 원인은 역선택과 자기인식이다. 지지 체계의 기반이던 가족에 대한 실망감은 가족을 함정으로 표현하게 한다. 노숙생활 초기에는 가족이라는 함정에서 빠져나와 홀가분한 심정이 된다. 믿었던 가족에 대한 극도의 실망감으로 노숙생활을 선택한다. 노숙은 견디기 어려운 생활이지만 거리생활을 하다가 노숙인 거주시설에 입소하면 노숙생활에 대한 복지 체계의 패턴을 경험한다. 자신을 통제할 수 없었던 잘못된 음주 습관이 제재되고 뜻대로 되지 않던 세상에서 노숙인 거주시설 생활은 오히려 불안감을 덜어주기도 했다.

불편한 관계에서 벗어나기 위해 노숙생활이라는 위험한 비상을 하고 나면 노숙인들은 비로소 자기인식을 하게 된다. 이때 자신이 가족에게 오히려 짐이 되었다는 것을 알게 되고 준비 없이 무모하게 행동한 자신을 돌아보며 후회하기도 한다. 자유를 향한 비상이라고 생각했던 노숙의 길이 더 많은 사람의 돌봄에 의지해 살아가는 처지가 되었다는 것을 깨달을 즈음 많은 것이 익숙해지면서 '노숙은 비상이 아니라 도피였다'라는 사실을 뒤늦게 깨닫게 된다. 하지만 이 한 번의 도피는 돌아올 수 없는 강을 건너는 것이다.

관계로부터의 탈출로 시도한 노숙생활은 시설센터, 재활시설, 급식시설, 쪽방촌 등 수많은 불편한 관계를 이어가야 하는 결과를 초래한다. 물리적 관계로부터 떠나 홀가분할 것만 같던 생활은 점점 옥죄어 노숙인이라는 생활인으로 바뀌게 된다. 물리적 관계에서 벗어났지만 심리 내적인 앙금이 계속 남아 일상생활에 영향을 미치기 때문이다. 환경이 바뀌어도 덧난 마음의 상처는 고스란히 가슴 속에 남아 있다는 것이 문제다. 거리생활을 하면서 상처난 마음은 무뎌진다. 수치심, 죄책감, 분노 등의 감정이 느슨해지면서 필요 최소한의 삶 속으로 점점 숨어든다.

반복적으로 같은 옷을 입고 씻는 것을 귀찮아하고 식사를 세 끼에서 두 끼, 한 끼로 줄여나가는 과정에서 술과 담배를 계속 늘려나가게 된다. 내면의 상처가 생생히 살아 있을 때는 삶의 의지도 분노와 함께 불끈거리지만 상처가 무뎌지며 자포자기 심정이 되면 삶의 의지도 황폐해진다. 이것이

2. 부정적 자기연민과 관계 단절

관계 단절에서 가장 경계해야 할 부분이다. 내면의 상처가 속에서 곪지 않도록 현실 속에 노출해 생활에 어떻게 반영되고 있는지 고민해야 하는 이유가 여기에 있다. 관계가 원만하면 타인과의 안정적인 교제와 조화를 이루고 있다는 심리적 자각을 하게 되고 이때 비로소 자신의 목표를 성취하며 계속 성장할 수 있다. 하지만 사람과의 관계를 단절하고 외톨이로 살아가다 보면 사람과의 관계가 점점 소원해지다가 결국 자기 불신으로 이어져 자신을 파괴하기에 이른다.

관계 단절은 사람에 대한 믿음이 깨지면서 시작된다. 차 유리에 불신이라는 송곳이 박히면서 생기는 유리의 균열과 같다. 외부 충격이 가해질 때 날 선 채 깨지면 위험한 상황에서 탈출하기도 어렵고 부상 위험 때문에 차 유리는 외부 충격이 가해지면 작은 조각으로 부서지게 만들어졌다. 노숙인이 사람들로부터 받은 불신의 충격에 반응하는 모습이다.

누이의 배신, 목회자의 기만, 부모의 폭력, 형제간의 돈 거래, 아내의 외도, 정신장애 판정, 불법 오락과 폭력, 친구의 배신 등 다양하지만 이런 경험이 있다고 모두 노숙생활을 시도하는 것은 아니다. 이런 경험을 했을 때 노숙생활을 선택하는 이유는 한두 가지 요인으로 단정할 수 없는 복잡한 요인이 작용한다. 타고난 지질적 요인에 외부에서 가해지는 환경적 요인이 가해지면서 마음은 상처를 입는다. 상처 입은 마음은 대인관계를 점점 회피하게 되고 결국 불편한 관계를 단절하기 위해 노숙생활을 시작하게 된다. 노숙생활에서 접하는 다양한 부정적 경험은 점점 자기 불신과 자기파괴로 이어진다.

자신에 대한 불신과 자신을 파괴하는 모습은 불난 집을 바라보며 '누군가 불을 꺼주겠지'라고 방관하며 집 주위를 맴도는 모습과 같다. 작은 불이지만 문제는 이 불이 언젠가는 집 전체를 태우게 된다는 사실이다. 관계로부터의 회피는 집이 불타는 모습을 보고 애써 외면하며 집에서 벗어나는 것과 같다. 불타는 집을 바라보며 '어떻게든 되겠지'라는 자포자기의 마음이 생긴다. 하지만 불이 붙은 집을 방치하면 집은 영원히 돌이킬 수 없을 만큼 타버린다. 지지 체계의 상실로 인한 부정적 자기연민과 관계 단절은 잘못된 선택을 반복하게 만들고 무력감을 낳는다. 자기 집이 불타는 모습을 태연히 바라보는 사람처럼 마음이 무뎌진다.

2. 부정적 자기연민과 관계 단절

호기심 상실

 알프레드 아들러는 이렇게 말했다. '다른 사람에게 관심이 없는 사람은 인생을 사는 것이 어려울 뿐만 아니라 다른 사람에게도 해를 미치게 된다. 인간의 모든 실패는 바로 이런 유형의 인물에서 비롯된다'

 관심을 갖고 다가가면 세상이 새로워 보인다. 관심은 시들고 무미건조한 사람조차 활기차게 만든다. 주변에서 흔히 볼 수 있는 것도 다른 시선으로 볼 수 있고 당연하게 여기던 것도 '왜', '어떻게'라는 질문을 하며 새로운 관점에서 다가가게 된다. 호기심을 가지면 깊은 관심과 함께 몰입하게 된다. 호기심이 발동하면 타인의 말을 경청하게 되고 새로운 아이디어가 떠올라 상대방에게 속내를 털어놓고 싶은 의욕이 발동한다. 현재의 문제를 깊이 있게 이해하게 되어 현실에서 원만한 적응을 하는 데 도움이 될 수도 있다. 아울러 자신이 직면한 상황이 자신의 능력으로 성취 가능한 일인지 흥미를 느끼고 접근하게 된다. 호기심과 관련해 촘스키는 자신의 능력을 넘어서면 불안이 엄습하는 반면 자신의 능력에 못 미치면 지루함이 찾아오는데 지루함과 불안이 잘 들어맞을 때 놀라운 결과를 얻을 수 있다고 했다. 자신의 능력으로 성취 가능한 분야에 호기심을 갖고 몰입할 수 있다면 놀라운 성취로 이어질 수 있을 것이다.

조각가 피그말리온은 모든 여성을 혐오해 혼자 살기로 했다. 모든 여성이 결점투성이로 보였기 때문이다. 그러던 어느 날 그는 이상형인 여성의 모습을 조각해 사랑에 빠졌다. 그는 아프로디테의 제전에 참가해 상아로 조각된 여인을 자신의 아내로 만들어 달라고 기도했다. 집으로 돌아와 조각상에 입을 맞추자 조각상이 빙그레 미소지었다고 한다. 교육학에서는 이를 '피그말리온 효과'라고 한다. 피그말리온 효과는 긍정적 관심은 조각상에 생명을 불어넣을 만큼 힘이 있다는 사실을 말해준다. 인지치료학자 아론 벡에 의하면 삶의 도식(SCHEMA)은 개인이 현실을 받아들이는 생각의 패턴으로 기억, 감정, 인지, 신체 감각으로 구성되어 개인의 행동, 느낌, 생각, 대인관계에 큰 영향을 미친다고 주장했다. 이 도식은 생애 초기 경험으로 형성되고 이후 삶에서 정교화되면서 한 번 형성되면 좀처럼 바꾸기 어렵다. 긍정적 도식과 부정적 도식이 있는데 부정적 도식은 중요한 정서적 욕구가 박탈되거나 충족되지 않을 때 주로 생긴다. 중요한 정서적 욕구는 안정 욕구, 사회적 관계 욕구, 존경 욕구, 자율성과 정체감 형성, 감정 표현, 현실의 한계와 자기통제 경험이다.

부정적 도식은 심각한 욕구 좌절, 즉 어린 시절의 상처 경험, 불신과 학대 경험, 수치심 등이 원인이다. 관심은 상대적이므로 부담을 주는 지나친 관심은 오히려 무관심보다 못할 수 있다. 어린 시절 과잉보호 속에서 성장한 경우, 무능감과 특권의식 같은 것이 생긴다. 중요한 타인, 즉 부모의 생각, 느낌, 행동을 선택적으로 동일시하거나 내면화해 심리도식으로 발전하기도 한다. 이렇게 발생한 부정적 도식도 호기심과 흥미를 잃게 만든다.

노숙생활은 자신에 대한 부정적 연민으로 인간관계를 단

절하면서 매사에 흥미를 잃게 한다. 가족, 친구, 직장 동료, 연인에 대한 관심뿐만 아니라 자신을 둘러싼 모든 환경에 무관심하게 된다. 심지어 주변에서 누군가가 관심을 보이는 것도 부담스러워진다. 노숙생활이 지속되면 세상과 삶에 대한 흥미를 점점 상실하면서 인간이라면 누구나 바라는 '관심과 이해'로부터 멀어진다. 마음은 부정적 생각에 압도당해 어떤 긍정적인 관심이나 호의도 받아들이기 어려워진다. 세상은 안전하지 않다는 생각에 끊임없이 자책하며 무기력한 세월을 보낸다.

'흥미를 잃은 마음'

3. 호기심 상실

노숙인이 가진 전형적인 '마음의 골절상'이다. 건강하던 마음은 사랑하는 사람을 잃고 부정적 자기연민에 시달리다가 모든 관계로부터 탈출을 시도했다. 하지만 탈출을 시도한 곳에서 또 다른 관계(피하고 싶지만 피할 수 없는 관계, 거주시설, 자활시설 등에서 만나는 동료들)가 시작되고 흥미를 잃은 마음은 이 모든 시름을 술과 담배에 의존하게 된다. 술과 담배는 벼랑 끝에 매달린 노숙인을 지탱해주는 유일한 버팀목이자 관심 대상이 되어 건강은 점점 악화되고 삶은 단조롭고 무미건조해진다. 따라서 시설에서 준비한 다양한 프로그램에도 매우 수동적으로 임할 수밖에 없게 된다. 흥미와 호기심의 상실은 감정을 마비시켜 어떤 상황에서도 부정적 관점으로 보게 만든다.

'변화를 돕는 의사소통 카드' 활동을 시작하던 첫날 텅 빈 눈동자들 앞에서 '어떻게 여기 오셨어요?'라는 질문을 하기가 조심스러웠다. 어색한 분위기를 바꿔보려고 '우리가 가진 소중한 것들'에 대해 대화를 나눠보았다. 대부분 첫마디를 꺼내지 못했다. 매사에 흥미를 잃은 마음들은 이렇게 말했다.

"다 잃어버려서 더 이상 가진 게 없어요"

'살아 숨쉬는 기쁨', '두 발과 두 손으로 세상을 활보할 수 있는 즐거움', '내 손으로 밥을 먹을 수 있는 축복', '70억 명 중 단 하나뿐인 소중한 생명', '철따라 사계절을 만끽할 수 있는 행복', 하물며 '굶주리지 않는 나라에서 태어난 복' 등을 말하자 분위기가 조금이나마 달라졌다. 하지만 그것도 잠시 마음들은 이렇게 말했다. '그럼 뭐해? 내가 지금 이 꼴인데' 이렇게 흥미와 호기심을 잃은 마음들은 자신이 가진 '소중한 것'을 일거에 묵살한다. '태어날 때를 생각해보세요. 그 소중했던 순간, 당신의 탄생을 신기하게 바라보던 가족들의 눈빛, 엄마는 당신을 낳고 미역국을 먹고 힘을 냈고… 그 소중한 당신은 어디 있나요?'

흥미를 잃은 마음은 가족, 우정, 사랑, 공동체에 대한 애착은 물론 자연과 신의 질서와도 점점 멀어져 심하면 기억 상실, 해리 현상으로 이어지기도 한다. 이는 의식 아래 잠재된 무의식이 발버둥치는 모습과 같다. 영화 〈여자 정혜〉의 정혜는 호기심을 상실한 전형을 보여준다. 우체국에서 일하고 집에 돌아와 혼자 TV를 보며 밥먹는 그녀의 표정에서 아무 흥미도 엿볼 수 없다. 식사는 라면과 김밥, 홈쇼핑 물건

구매가 유일한 낙이다. 친척에게 당한 성폭행, 엄마의 죽음과 결혼 실패, 신혼여행이 이별 여행이 된 기억 등은 그녀의 쓰라린 기억 속에 자리잡고 있다. 그녀는 좋거나 나쁜 어떤 자극도 담담하게 회상하며 감정도 내비치지 않는다. 감정을 내비치면 통제할 자신이 없어 스스로 마비시켰기 때문이다.

프로그램을 진행하다 보면 선명한 두 가지 마음이 보인다. 하나는 '잘 살고 싶은 나', 또 하나는 '잘 살 자격이 없다고 질책하는 나'. 두 번째 '나'가 삶에 흥미를 잃은 '상처받은 마음'이다. 노숙인은 이 두 가지 마음이 극명하게 보인다. 한 번쯤은 사람답게, 남들처럼, 아들답게, 아버지답

Chapter 1. 마음의 골절상

게 살고 싶은 '나'에 대해 상처받은 마음은 이렇게 말한다. '너는 사람답게 살기 어렵다, 너는 남들처럼 살 수 없다, 너는 아들로서 자격이 없다, 너는 아버지로서 자격 미달이다'. 이 마음들은 항상 변화의 '의지와 결단'을 가로막는다. 의지와 결단을 가로막으면 동기유발 활동이 '행동 실천'으로 이어지지 않는다. '당신은 소중하다, 세상은 아름답다, 희망을 갖자, 어떡하면 좋을까'라는 말이 행동으로 이어져 일상에서 작은 습관이 될 때 비로소 변화의 싹이 틀 수 있다. 막대한 노숙인 복지 예산지원과 전방위적인 복지 시스템이 갖춰져 있지만 최근 10여 년 동안 거리 노숙인 수가 좀처럼 줄지 않는 이유가 여기에 있다.

노숙인 거주시설에서는 노숙인의 흥미와 호기심을 불러일으켜 잠자는 동기를 불러일으키기 위한 다양한 활동을 진행한다. 이와 같은 프로그램이 행동 실천으로 이어지기 위해서는 당사자의 의식적인 노력과 면담자의 일관성 있는 관심과 공감이 필요하다. 드류 휴스턴은 실패하는 사람들은 항상 유예되는 데도 불구하고 희망적 사고를 버리지 못하기 때문이라고 했다. '여유 시간만 있으면 운동을 할 텐데' 등의 희망적 사고다. 하지만 이 희망은 절대로 실현될 수 없는 희망이다. 흥미 없이 늘어놓는 푸념에 불과하기 때문이다. 결코 행동으로 옮기고 싶지 않은 일 앞에서 불안한 자신을 변명하는 데 불과하다. 이러한 변명이 반복되면 삶이 무기력해져 우울증을 부를 가능성이 커진다. 과거는 후회스럽고 미래는 암울하고 현실은 슬픈 일상을 반복한다. 호기심을 잃은 사람은 일상의 작은 행동실천도 시도할 의욕을 잃어버린다. 호기심을 상실한 노숙인의 마음은 누군가의 관심을 받고 싶지도 주고 싶지도 않다고 말한다. 하지만 '한 번쯤은 잘 살고 싶은 또 하나의 나'는 항상 관심과 이해에 목말라 있다.

4

능력에 대한 실망감

'총량의 법칙'이 있다. 사춘기 아이에게 적용되는 '지랄 총량의 법칙'을 필두로 '시련 총량의 법칙', '운수 총량의 법칙', '건강 총량의 법칙' 등을 보통 '인생 총량의 법칙'이라고 부른다. 이 총량은 항상 가까운 데서 확인할 수 있다. 남부러울 것 없을 것 같은 재벌가 자녀들의 자살 소동, 화려한 연예인의 고독, 일찌감치 수석을 독차지하며 '최연소', '최초' 등을 달고 다니며 평생을 살아왔지만 그 예리한 두뇌가 날카로운 촉이 되어 편협한 시각이라는 창으로 돌아와 자신의 목을 겨누는 모습을 흔히 본다. 두뇌 회전이 빠르고 영민한 사람이 겸손, 배려 능력을 겸비하면 대부분 역사에 이름을 남기거나 깊은 감동을 전하는 명작을 쓰거나 시대를 구한 영웅이 된 경우가 많았다.

그렇지 않은 경우, 영민한 두뇌를 자신의 출세를 위해서만 활용했다면 그 자체로 이미 더할 나위 없는 저주를 받은 셈이다. 사람들은 흔히 뛰어난 두뇌를 능력과 동일시하는 경향이 있다. 하지만 능력은 뛰어난 두뇌 능력 하나로 판가름할 수 없다. 능력은 적성, 성능, 재능, 역량 등의 개념으로 쓰이는데 사전적으로 흔히 지능과 유사한 개념으로 각종 과제(특히 인지적, 지적) 수행과 관련 있는 일반적이고 공통적인 능력과 특정 과제 수행과 관련 있는 특수 능력으로 구분하기도 한다.

능력은 흔히 결핍에서 커진다. 〈오체불만족〉의 오토타케 히로타다는 자기만 할 수 있는 일을 고민했다. '어떻게 살아갈 것인가?', '어떤 사람이 될 것인가?', '내게 가장 소중한 것은 무엇일까?'를 생각하다가 "장애가 있지만 나는 인생이 즐거워요"라고 말하게 되었다. '생명의 거리 만들기' 실행위원장까지 맡았던 그는 자신이 세상에 태어난 것은 '팔다리가 없는 나만 할 수 있는 뭔가가 있기 때문'이라고 생각하고 '마음의 장벽 없애기'에 매진하며 살아가고 있다.

릭 부이치치의 왕성한 활동력, 세 손가락 피아니스트의

부활, 악보를 읽지 못하는 개그맨 김현철의 귀는 40년 동안 오케스트라로 단련된 귀다. 대한민국 유일의 '지휘 퍼포머', 40년 동안 귀에 담은 오케스트라로 만들어진 개그맨 김현철의 직함이다. 그리고 쿵푸를 하기에는 부족한 팔다리, 뚱뚱하고 느린 몸 등 결핍을 가졌던 팬더가 용의 전사가 되는 과정을 보면 능력은 결핍으로부터 성장, 발전한다는 사실을 입증한다. 들을 수 없었던 베토벤이 만들어낸 교향곡 '운명'도 마찬가지다.

눈에 띄는 결핍은 그 자체는 아무 장애가 되지 못한다. 몸이 불편해서, 머리가 나빠서, 부모를 일찍 여의어서 등의 결핍은 그의 능력을 평가하는 기준이 되지 못한다. '어둠은 그에게 빛의 감사함을 선사할 것이다'라고 말한 헬렌 켈러의 말은 결핍의 힘을 키워나가면 어떤 능력을 발휘할 수 있는지를 말해준다.

문제는 한두 번의 실패로 발생한 결과를 능력의 전부로 돌리고 도전하지 않는 것이다. 실패가 반복되면 자신감에 구멍이 생기기 시작한다. 바늘 하나로 풍선이 터져버리는 것과 같은 현상이다. 하지만 인간은 누구나 한 가지 이상의 능력을 타고나며 이 능력이 실패와 결핍을 극복해 나가는 과정에서 발휘된다는 사실을 이해한다면 평범한 사람이 어떻게 탁월한 능력을 키워나갈 수 있는지 알 수 있다. 내가 만난 노숙인들도 더할 나위 없는 능력을 보유하고 있었다. 약속을 정확히 지키는 능력, 보석을 감별하는 감식안, 나무 냄새를 맡고 수종을 알아내는 능력, 단 한 번도 병치레를 하지 않은 타고난 건강, 뛰어난 기억력, 하물며 '젊음'이라는 능력까지. 이런 능력을 집에 두고 주인은 집을 떠나 거리로 나섰다. 집을 떠나면 이런 능력도 집에 두고 떠나게 된다. 각자의 능력을 집에 두고 떠난 사람은 분노와 불안, 의타심과 무기력한 마음으로 세상을 떠돌아다닌다.

데시와 리안은 자신의 능력에 대한 자신감, 즉 유능감 욕구가 충족되면 동기를 촉진하고 외적인 동기 조절력을 높여준다고 했다. 이 유능감은 노숙생활을 하면서 점점 낮아지지만 쉽게 사라지지 않는다. 어느 순간 자신의 능력이 쓸모없어졌다는 생각이 들면 화나고 격노한 감정이 치솟아 부정적 감정이 폭발하기도 한다. 과거 자신이 사람들로부터 인정받았던 경험에 비춰 현재 무기력한 자신의 모습을 보면 오히려 적대감이 생기고 두려움과 한심하다는 생각까지 든다. 이런 정서의 양가 감정은 불안을 불러일으켜 능력을 발휘하는 데 방해가 된다.

그러므로 자신의 잠재된 능력을 발휘하기 위해서는 자신의 능력에 대한 자신감을 높여야 한다. 자신이 그만한 능력을 발휘할 수 있다고 자각하면 능력을 최적으로 발휘할 도전을 하게 된다(Deci & Ryan, 2002). 엘리엇에 의하면 유능성은 타인과 비교해 드러내느냐, 과제 자체에 초점을 두느냐에 따라 다양하게 구분된다. 유능감을 누군가와 비교해 인식하면 수행 목표로 구분하고 과제 자체의 숙달을 유능감으로 인식하면 숙달 목표로 구분했다(Elliot, 1999).

4. 능력에 대한 실망감

수행 목표지향적인 사람은 자신의 유능감을 타인과 비교해 인식하므로 실패 가능성이 큰 과제 수행을 회피한다. 반면 숙달 목표지향적인 사람은 과제 수행 자체에 자신의 유능감을 인식하므로 끊임없이 노력한다. 성취 목표지향성은 수행 목표(performance goal)와 숙달 목표(mastery goal) 이분법적으로 구분한다. 숙달 목표는 과제 숙달을 통해 새로운 지식과 기술을 획득해 유능성을 향상시키는 데 초점을 맞추고 수행 목표는 타인과 비교해 자신의 능력이 어떻게 평가되는지에 초점을 맞춘다. 숙달 목표지향적인 사람은 배움 자체에 가치를 둬 실패의 원인을 자신의 노력 부족으로 인식해 끊임없이 노력한다. 한편, 수행 목표지향성은 타인과 비교해 자신의 능력을 높이 인식할 때 유능감을 느끼게 되어 자신의 연약한 부분을 드러내지 않는다. 결국 실패 가능성이 큰 과제 수행은 피한다고 한다.

자신의 능력을 타인과 비교하지 않고 배움 자체에 두고 실패를 자신의 노력 부족으로 인식한다면 자신의 능력을 되찾을 수 있다. 숙달 목표지향적인 사람은 같은 실수를 반복하지 않으며 잘못된 습관으로 실패한 자신을 되돌아보게 된다. 또한 음주 습관, 도박, 체면에 민감한 자신을 발견하는 과정에서 자신에게 유익한 것을 알게 된다. 인생의 자원이 무엇인지, 자신이 사회에 나가 자립할 수 있는 자원이 무엇인지, 미해결된 과제를 해결할 방법이 무엇인지 등 자신의 숨은 능력을 발견할 수 있다.

오랫동안 자신이 방치한 능력을 발견하면 '나는 이런 일을 할 수 있는 사람이다', '이 세상 무엇과도 비교할 수 없는 능력이 내게 있었구나', '능력은 비교로 얻어지는 것이 아니다'라고 각성하게 된다. 성공을 위해 천재 수준의 두뇌를 갖추고 수많은 정보를 가졌더라도 성공 확률은 17%를 넘지 않는다고 한다. 능력은 뭔가를 해내는 능력 외에 견디는 능력, 자신을 회피하지 않는 능력도 포함되기 때문일 것이다.

"지금 눈앞에 있는 것에 집중하라. 좋은 날을 하나씩 쌓아 좋은 인생을 만들어라. 똑같은 실수를 반복하지 않으면 충분하다" 등의 그럴 듯한 말들로 희망을 높이 품어도 한낱 희망 사항으로 끝나는 이유가 있다. 행동이 뒷받침되지 않는 희망은 공허한 메아리에 불과하기 때문이다. 능력 안에는 의지와 결단을 실천하는 능력, 자신을 바로 보는 안목과 견디는 힘, 나를 인정하는 능력이 포함된다.

4. 능력에 대한 실망감

'능력 총량의 법칙'에 의하면 현재 발휘되지 못하는 능력은 앞날에 고스란히 남아 있다. 따라서 현재 자신의 결핍을 판단하거나 투정하는 시간에 용기를 내 행동으로 실천한다면 불안과 두려움 때문에 발휘하지 못한 자신의 잠재된 능력을 발휘할 수 있을 것이다. 능력에 실망하기 전에 이미 내게 있는 잠재된 능력을 찾아내는 것이 우선되어야 할 이유가 여기에 있다.

5

자율적 결정력 결핍

인간은 적절한 환경이 제공될 때 '참 자신'을 성취하고 계속 성장한다. 그린버그와 미쉘에 의하면 참 자신은 자신의 정신 내적 이미지와 다른 의미 있는 이미지와 연관된 감정, 그 이미지의 지배를 받는 행동 능력과 연관된 감정이다(Greenberg & Mitchell, 1983). 노숙생활이 1년 이상 장기화되다 보면 자신도 모르게 타성에 젖은 생활을 반복하게 된다. 몸에 밴 의존심, '어떻게든 되겠지'라는 무력감으로 자신의 삶을 그저 흘러가게 방치한다.

데시와 리안에 의하면 인간은 자신이 행동의 주체임을 느낄 때 능력이 발휘되므로 자율성은 인간의 세 가지 욕구인 유능감, 자율성, 관계성 중 핵심 요인으로 간주한다. 특히 자율성은 자신과 환경을 통합하는 역할을 하므로 자율성 욕구가 좌절되면 다양한 심리적 어려움을 겪게 된다. 이는 오랫동안 사람들로부터 굴욕과 조롱을 받으며 살아온 노숙인들이 삶의 중심을 잃고 의타적으로 살아가는 모습과 부합한다. 과거 경험과 현재 자신의 모습을 되돌아보는 동안 자신의 힘겨웠던 과거 기억들이 되살아난다. 사람들은 각자 나름대로 행복의 기준이 있는데도 불구하고 서로 깔본다는 사실을 알게 되고 항상 행복하지 못한 자신을 보며 굴욕감을 느낀다. 불안한 자신은 스스로 잘못된 습관에 매몰되게 하고 몸에 밴 습관이 무슨 일이든 의기소침하게 만들어 어떤 일이든 다시 시도해볼 의욕을 떨어뜨린다. 결국 '될 대로 되라'라는 심정으로 살아가게 된다.

데시와 리안은 행동을 결정하는 주체가 자신이라고 느끼려는 욕구, 즉 행동의 주체와 원인을 자신이라고 느끼고 자신을 행동의 조절자라고 믿는 것을 자율성 욕구라고 했다. 이 욕구는 행동의 주체자로서 내 안에 있는 나로 올바른 판단과 행동, 생각이나 감정 등을 자신의 말로 표현할 수 있는 것으로 존재의 연속성과 개인정신의 중심을 이루는 실체적 자아로 살아가는 일이다.

건강한 참 자신의 능력에는 자기 주장 능력, 자기 존중감의 인정, 홀로 있을 수 있는 능력 등이 있으며 우리는 참 자신에 대해 계속 표현하면서 '진짜 자신'이라는 느낌을 갖는다(Masterson, 1993). 이와 같이 자신에 대한 존중감이 인정될 때 비로소 사람을 불신했던 마음이 바뀌고 고난 속에서도 정직하게 살아내려고 애쓰게 된다. 자율성 욕구가 살아나면 현재의 모습을 있는 그대로 수용하게 되면서 자기 삶의 주체적인 모습을 살려내고 항상 방치되고 험한 취급을 받던 존재에서 당당히 자신을 세우는 행동을 하게 된다.

자기효능감이 높을수록 도전적이고 어려운 목표를 선호한다고 한다. 높은 목표는 높은 수행을 가져오고 그 결과는 긍정적인 정서 반응으로 나타나 다시 높은 효능감을 느끼게 한다. 복잡하게 얽힌 양가 감정 속에서 자신의 소중함과 인생의 가치를 어둠 속 한 줄기 희망처럼 바라보게 된다.

폴란드 출신 예언자 그레고렉은 15세 때 알코올 중독 환자였고 19세 때 소방관이 되었다. 역도선수, 시인, 멘탈 코치로 높은 명성을 쌓았다. 그는 "살아오면서 느끼는 압도적 선이 존재한다. 쉬운 선택을 집요하게 권하는 숙명론자와 어려운 선택을 강요하는 마스터가 숙명론자를 이기려면 51대 49에서 마스터에게 51%를 줘야 한다"라고 말했다.

집을 떠난 자신을 어떻게 되돌릴 수 있을까? 이는 적절한 환경이 제공될 때 가능하다. 영화 〈트랜스포머〉 시리즈는 '모든 것은 변신한다'라는 카피로 시작한다. 영화가 세계적 흥행을 기록한 데는 로봇 범블비의 환상적인 변신과 상상을 초월하는 생명력이 결정적 역할을 했을 것이다. 한 번쯤 '저런 인공지능 로봇이 있으면 얼마나 좋을까!' 생각한 적이 있다. 하지만 수많은 상상이 현실이 되었고 기계는 이미 우리 생활 속 깊이 자리잡았다.

작가 아놀드 베넷은 〈변화의 즐거움〉에서 '기계'에 대해 의미심장한 발언을 했다. 그는 인간의 자율적 창조력을 설명했다. 일을 마치면 뼈다귀를 향해 돌진하는 굶주린 강아지처럼 달려가는 사람들, 그들이 창조하려는 기계는 항상 발명가를 실망시킨다. "이제 완성이야!"라며 작동시켜보면 채 5분도 안 되어 스프링이 튀어오르며 창고는 연기로 가득 찬다. 이때 기계 발명가가 말한다. "아차, 한 가지를 빠뜨렸어. 다시 할 때는 그 부분을 놓치지 않겠어." 실패에 좌절할 시간 따위는 그에게 없다. 그는 끊임없이 설레는 마음을 가다듬으며 다시 궁리한다. 밥먹을 때나 친구를 만날 때는 물론 가족여행을 할 때도 건성으로 한다. 사람들이 흔히 하는 골프, 낚시, 등산 따위는 안중에도 없고 허름한 창고의 기계에 몰입해 있다. 그들의 시간은 완전한 자유 속에서 기계의 성능에만 몰두해 있다. 이는 자율적인 인간이 눈부신 발전을 이뤄낸 원동력이 되었다.

여기서 주목할 것은 '완전한 자율적 결정력을 지닌 인간'이다. 완전한 자율성을 가진 이들의 성취는 눈부시다. 자율적 결정력을 지닌 사람이 완전한 목표를 향해, 완전한 변신을 위해 시도하는 일이 어떤 성취를 이뤄내는지 알 수 있는 장면이다. 수 톤짜리 쇳덩이가 하늘을 나는 것도 기계를 향해 달려갔던 사람들이 만들어낸 성취다. 하늘을 나는 쇳덩이를 눈앞에서 보면서도 사람들은 성취의 힘을 믿지 않는다. 하물며 사람들은 지금까지 이뤄낸 완전한 트랜스포머보다 더 정밀하고 막강한 기계를 각자 가지고 있다는 사실을 믿지 않는다.

영화 〈트랜스포머〉의 금속 정육면체 '올 스파크'는 만물을 창조하고 생명을 불어넣는 힘을 지녔고 그로 인해 변신 로봇 종족이 탄생했다. 하지만 우리 각자가 가진 기계는 만물을 창조할 뿐만 아니라 마음을 움직이고 자신을 희생하며 다른 사람을 살리는 능력까지 지닌 완전체라는 사실을 믿지 않는다. 완전한 자율성을 통해 '진짜 자기'로 살아가는 힘은 올 스파크를 능가한다.

우리는 죽음이라는 긴 잠 앞에서 작은 잠을 반복하며 하루하루를 살아간다. 각자의 기계를 벗어나면 기계는 녹슬어 서서히 사라진다. 이 기계를 살려내기 위해 우리는 어떤 일을 하는가? 사람들이 길게 줄 서 있다. 하루 한 끼를 아무 노동 없이도 받을 수 있는 곳이다. 녹슨 기계의 시동이 꺼지지 않도록 줄 설 정도의 의지가 살아 있다면 틀림없이 기계를 더 온전한 것으로 수리할 의지도 살아 있지 않을까? 기계는 더 이상 나빠질 수 없을 만큼 녹슬었다. 하지만 온전한 기계를 완성하려면 하루의 삶, 하루의 생활을 완전히 해내야 한다.

노숙인 지원 복지정책 및 계획을 담당하는 정책 담당자들이 관점을 바꿔야 할 이유가 여기에 있다. 2012년 '노숙인 자립을 위한 법률'이 시행된 지 4년 후에도 거리 노숙인은 400여 명 증가했고 2018년 12월 조사된 노숙인 수는 10,801명으로 전년 10,828명보다 줄었지만 거리 노숙인은 오히려 895명 증가했다. 노숙생활에서 벗어나기 위해서는 기존 의료, 주거, 급식비, 구직 등의 지원에 더해 근본적인 자립 대책을 수립할 필요성이 여기에 있다.

노숙생활을 떠나 자립에 성공하기 위해서는 현재의 생활방식에 대한 근본적인 태도 변화가 절실하다. 현재 생활 속 이를테면 거주시설에서 자신의 생활을 자율적으로 결정하는 습관을 체득해야 한다. '변화를 돕는 의사소통 카드' 활동 속에서 매번 강조한 것이 이것이다. '오늘 하루는 어떠셨나요? 가족과의 관계는 어떠셨나요? 리스타트 일은 어떠신 가요? 알코올 상담은 어떻게 하셨나요?' 활동 속에서 체득한 것을 생활 속에 녹이지 않으면 자율적 결정력을 체득하기 쉽지 않다.

 현재 생활 속에서 삶의 루틴을 '탈 노숙'의 모습으로 유지할 수 있을 때 비로소 사회조직 체계 속에서 자신을 스스로 통제할 수 있을 것이다. 따라서 '변화를 돕는 의사소통 카드 활동' 후반부에서는 그동안 변화를 위해 애쓴 시도를 인정하며 그들의 행동 실천 의지와 변화 대화를 모아 지향점을 부추기는 활동을 했다. 무의식적인 습관의 노예에서 벗어나 의식적인 마음의 주인으로 살아가는 지점이 바로 '참 자신'을 만나는 지점일 것이다.

Chapter 2

거리에서

가족, 그 정든 지옥

　사람은 누구나 한두 번 이상 상처를 경험한다. 다리에 상처를 입으면 목발에 의지해 절뚝거리며 회복될 때까지 기다리듯 마음의 골절상도 마찬가지다. 마음의 골절상을 입으면 겉으로 드러나지 않지만 항상 비틀거리며 살아간다. 이때 주변의 지지자원에 의지하게 된다. 하지만 지지자원도 같은 상처를 안고 있으면 견디기 힘들 것이다. 이런 상처는 성장 과정에서 계속 괴롭힌다. 상처는 시간을 두고 천천히 받아들이거나 용기를 내 이겨내려는 노력이 필요하다. 하지만 술이나 도박 등 자신을 파괴하는 쪽으로 대처한다면 상처는 좀처럼 회복되지 않는다. 결국 성인이 되고도 가장의 역할을 제대로 하기 어려울 뿐만 아니라 결혼도 실패하기 일쑤다. 가장이 되고도 오히려 자신이 가족에게 짐이 된다는 사실에 망연자실해 결국 다시 술을 마시게 된다.

'가족으로부터 전화가 오면 겁부터 납니다.' 의사소통 카드 프로그램을 시작한 후 참여자들의 공통적인 말이었다. 이 말은 D 구치소에서 마약 관련 재소자들과 처음 대면했을 때부터 듣기 시작한 말이었으니까. 마약 재소자들이 가장 두려워하는 것은 아이러니하게도 다가오는 출소일이다. 두려움의 원천 중 하나는 출소하고 나서도 약물 유혹을 뿌리칠 수 없을 거라는 불안과 가족을 뒤로 하고 약물 쪽으로 발길을 돌리는 것이었다. 이 두 가지 불안이 출소일이 다가올 수록 재소자들의 머릿속을 복잡하게 맴돈다. 참여자들은 공통적으로 가족 이야기에 민감하게 반응했다. 하지만 가족은 그들의 삶의 원천이기도 했다. 재기할 수만 있다면 맨 먼저 떠오르는 것이 가족이고 더 이상 거리로 나가지 않겠다는

Chapter 2. 거리에서

결심을 반복하게 만드는 원동력도 가족이다.

'가족을 믿었어요. 그런데 가족은 내게 상처만 줬어요. 가난은 그렇다 쳐도 가족이라는 이름으로 엉킨 금전 문제, 지나친 간섭, 애증은 나이를 먹을수록 떨어지지 않는 거머리 같았어요. 아내는 도저히 용서할 수 없는 일을 저질렀어요. 나만 감쪽같이 속았어요. 그런 집에서 어떻게 살아요? 세상에서 당한 일을 가족에게 화풀이했어요. 화풀이하기에 가장 만만한 것도 가족이었거든요. 내가 미친 놈이죠. 미안해서 가족한테는 못가요. 차라리 태어나지 않았으면 이런 마음도 들지 않았을 텐데. 내게 그렇게 잘해준 가족에게 내가 한 짓을 생각하면 용서가 안 돼요. '나'라는 인간을 용서할 수가 없어요'

가족 이야기는 봇물 터지듯 쏟아진다. 가족에 관한 안타까운 이야기가 있다. 몇 년 전 D 구치소에 마약 재소자 대상으로 동기 면담 프로그램을 진행하러 간 적이 있다. 활동을 위해 사전 허락을 받고 들어갔지만 겹겹이 쳐진 철문을 지나면서 모두 무장해제해야만 했다. 활동을 시작하기 위해 인사를 하자마자 이런 말이 들려왔다.

"선생님, 마약 해보셨어?"

"아뇨. 해보지 않았습니다"

"(웃음) 어이가 없네. 마약도 안 해보고 어떻게 우리를 돕겠다는 거지?"

기세가 오른 그들은 서로 마주 보며 환하게 웃는다. 오랜만에 맛보는 승리감에 분위기는 순식간에 활기를 띤다. 뒤에서 지켜보던 교도관이 벌떡 일어나 눈을 부릅뜬다. 당혹스러운 질문이 아닐 수 없다. 어떤 상담 전문가도 이런 분위기에서는 당황할 수밖에 없을 것이다. 그런데 분위기를 한순간에 잠재운 질문이 있었다. "저는 마약을 해보지는 않았지만 선생님들에게 도움이 되고자 왔습니다. 암을 치료하는 의사 선생님이 꼭 암에 걸려야만 치료할 수 있는 건 아닌 것과 같죠." 그리고 나는 참여자들을 조용히 쳐다보며 말했다. "약을 하시는 분들은 대부분 가족의 고발로 구치소에 오시더군요. 도대체 어떤 것이길래 가장 지켜줘야 할 가족이 고발을 하죠? 그만큼 멈출 수가 없나요? 가족의 권고도 귀에 들어오지 않을 만큼? 저는 그것이 궁금합니다"

분위기는 순간 머쓱해지며 조용해졌다. 긴 침묵을 깨고

조심스럽게 말이 터져 나온다. "그게 어떤 기분이냐면…"하면서 약물의 쾌감지수, 유통 경로, 생산처, 시장가격, 처음 접하는 방법 등 약물 성토장이 된다. 그리고 이어서 한 번 하고 나면 통제가 안 돼요. 친구고 가족이고 보이지 않아요. 수단, 방법을 가리지 않고 '약을 하고 싶다'라는 유혹에 사로잡혀요. 처음에는 직장을 잃어 가족에게 미안하지만 시간이 갈수록 가족은 귀찮은 존재가 되어버려요. 오죽하면 가족이 고발하겠어요? 그때도 이야기 촉발제는 가족이었다. 그뿐만이 아니다. 삶의 가치와 변화 의지를 말할 때도 가족은 속속 등장한다. 많이 자랐을 딸, 연로하신 부모님, 아버지의 음주, 어머니의 병환, 동생의 학비 걱정 등등. 어느 작가가 말했던가. 가족은 자신이 싼 똥을 보는 것 같다고.

살아가는 데 필수적인 것, 기다리다가 만나 엉키면 냄새 나고 이게 원활하면 있는 듯 없는 듯 알 수 없고 자주 보면 불편하고 안 만나면 죽을 것 같고 만나면 힘주어 아웅다웅 몰아내고 싶고 돌아서면 시원하면서도 금세 허기지는 것은?

답지에 똥과 가족을 적었다면 당신은 어느 것을 정답으로 간주하겠는가? 가족은 정든 지옥과 같다. 가족이 주는

1. 가족, 그 정든 지옥

상처 중에서는 상실감이 크다. 제법 나이를 먹어 맞이하는 가족의 죽음은 방어 장비를 갖춘 상태에서 임하는 전투와 같다. 하지만 유아기나 사춘기 시절 가족을 상실한 경험은 오랫동안 트라우마로 남는다. 나도 중학교 시절 푼돈을 모아 어머니 선물로 브로치와 직접 색종이를 오려 만든 카네이션을 들고 부모님을 기쁘게 해드리려고 달려갔던 집에서 어머니를 잃었다.

철마다 돌아오는 어버이날, 어머니가 끓여주던 생태찌개, 삼양라면, 구운 김, 어머니를 위해 위험을 무릅쓰고 올라갔던 감나무 가지. 상처는 나이를 먹어가며 결혼을 하고 아이를 낳고 살아가는 동안에도 옹이처럼 살아 있었다. 상처는 극복하는 것이 아니라 견디는 것이라는 말이 실감났다. 세월이 흐르면서 가족은 크고 작은 상실감을 선물한다. 가족으로부터 자유로워진다면 비로소 어른이 된다. 그래서인지 최근 사람들은 아예 가족 만들기를 꺼린다. 40, 50대 독신자가 득실대고 〈나 혼자 산다〉, 〈갔다 왔어요〉, 〈혼밥〉, 〈불타는 청춘〉 등의 프로그램이 인기를 끄는 것도 이유가 있어 보인다.

가족은 어떤 경우든 삶의 일부가 된다. 나약하고 한심한 아버지 때문에 오히려 그 정도 사내는 넘어서야 한다고 생각한 반항아 마루야마 겐지가 '일본의 작가 정신'으로 불릴 만큼 위대한 작가로 탄생한 힘도 알고 보면 무의식 중에 '독립심'을 길러준 아버지였다. 고등학교 국어 교사였던 아버지가 보기에 전파고등학교에서 '문제아' 낙인이 찍힌 아들을 봤을 때 도저히 이해하기 어려웠을 것이다. 작가가 퇴출 위기를 모면해 어떻게든 스스로 먹고 살아갈 길을 모색하다가 쓰게 된 소설이 문예지에 당선되자 아버지가 한마디 쏘아붙였다.

'어디서 베껴 쓴 거겠지'

이 한마디가 마루야마 겐지의 자립심에 불을 질렀다. 칭찬과 격려가 필요한 타이밍에 내뱉은 아버지의 이 한마디는 작가에게 이런 생각을 하게 만들었을 것이다. '아버지는 저 정도 인간이구나. 정신 차리고 저 정도 인간은 넘어서야지.' 생활력이 전혀 없던 아버지도 마찬가지였다. 군생활 후유증으로 실명해 사랑방에서 시조에만 몰두하던 아버지는 매사 비관적이었다. 자칭 '소리꾼'으로 백제 문화제 시조 대상을 휩쓸었지만 어머니가 힘겹게 짊어진 농약통이나 돼지우리에서 새끼를 받아내다가 어미돼지에게 배를 물려 피가 쏟아져도 "그까짓 새끼들 내버려둬라"라는 구시렁거림으로 대신했다. 활동에 가장 열심히 임했던 A 씨를 괴롭힌 것은 큰누이였다. 부모님은 어린 A를 남겨두고 초등학교 시절 모두 세상을 떠났다. 부모 역할을 대신할 것으로 여겼던 큰누이는 A 씨가 겨우 학교를 졸업해 얻은 첫 직장생활을 하는 동안 모든 월급을 직접 관리했다. 하지만 누이는 결혼생활에 거듭 실패하며 이혼과 재혼을 거듭했다. 어느 날 누이의 생활이 불편하고 견딜 수 없어 그동안 모아둔 월급을 돌려달라고 했더니 '내가 그 돈 떼먹을 줄 아냐'라며 떼먹었다고 했다. A 씨가 집을 떠난 이유다.

집을 나와 주유소 생활을 이어갈 때였다. A 씨의 동생으로부터 연락이 와 '형밖에 믿을 사람이 없다'라며 주유소 생활을 하면서 벌어놓은 돈을 요구했다. 하지만 동생도 누이와 같은 말을 했다. '형제간에 그까짓 돈 떼먹을 줄 아느냐'라며 떼먹었다고 했다. A 씨가 집을 나와 가장 괴로웠던 것은 집을 뛰쳐나와 노숙인이 된 현실보다 끊임없이 가족에게 욕설을 퍼붓는 자신에 대한 실망감이었다.

Chapter 2. 거리에서

A 씨가 활동에 거의 빠지지 않고 참여하며 느낀 중요한 가치는 '신뢰', '정확성' 등이다. 수십 년이 지난 이제야 가족 소식이 전해온다. 팔순이 넘은 누이는 이제 의지할 곳이 없어 동생을 찾는다고 했다. A 씨는 누이가 측은했지만 그 집은 죽어도 들어가고 싶지 않다고 했다. A 씨는 노숙생활을 하면서 약속을 지키지 않는 사람을 가장 싫어했다. 약속해놓고 두루뭉술 넘어가는 인간은 '개떡'으로 보고 아예 상종하지도 않았다고 했다. 친구와 연안부두에 술 한 잔하러 외출나갔던 A 씨가 헐레벌떡 들어왔다. "오늘 '동기'(동기면담)하는 날이라 소주 두 잔 먹고 얼른 왔어요."라며 가늘게 웃었다. 시설에서 보관해준 통장 잔고가 늘어가고 삶의 의지도 조금씩 살아나지만 이 의지를 뒷받침할 동력은 함께 걸어갈 가족이다. 하지만 정든 지옥이 모두 떠난 자리에서 일어나 어두운 밤길을 걸어가려면 나를 걱정해주는 또 하나의 가족이 필요할 것이다. 가족은 정든 지옥이다. 하지만 얼마나 현명하게 함께 만들어 가느냐에 따라 가족은 삶의 동력과 눈부신 희망이 될 수 있다.

선택지에 없는 사람들

　시작부터 모순투성이다. 우리는 당사자에게 양해를 구하거나 준비할 시간도 없이 느닷없이 가족이라는 범선에 도착한다. 범선인지 뗏목인지 유람선인지 알아차리는 데는 적지 않은 시간이 필요하다. 분명한 사실은 당사자의 계획에 없었다는 사실이다. 세상을 살아오면서 이 모순투성이 범선이 어디서부터 어떻게 왔는지 고민할 새도 없이 함께 밥먹고 책임과 의무가 생겼다. 살아오면서 많은 가족이 선택지에 없던 사람들이라는 사실을 깨닫고 화들짝 놀란다. 그때 두 가지 생각에 부딪히곤 한다. '차라리 만나지 않았으면 좋았을 걸', '이렇게 만나 얼마나 다행인지 몰라'다.

　F 씨는 아버지의 유전자 때문에 정신장애를 앓게 되었

다. 기억력이 뛰어나고 친화력이 좋아 자신이 처한 상황을 정확히 파악하는 그는 복지시설이 준 혜택을 최대한 누리는 것이 꿈이다. 일단 노령연금을 받는 60세가 될 때까지 자신의 콤플렉스인 장애를 최대한 활용해 시설에서 버티는 것이다. 그는 일을 착실히 수행하며 꼼꼼히 돈을 모으고 있다. 마음대로 피우고 싶은 담배를 피우고 연애 한 번 해보는 것이 꿈이다. 연애가 마음대로 되지 않을 때는 펜팔로라도 낭만적인 사랑을 해보는 것이 간절한 바람이다. F 씨의 선택지에는 장애가 있는 아버지도 윽박지르는 엄마도 없었다. 다행히 항상 자신을 걱정해주고 여전히 용돈을 보내주며 응원해주는 누나가 있었다. 하지만 F 씨는 그 고마운 누이가 낳은 조카들에게 삼촌 노릇을 제대로 할 수 없다는 죄책감에 사로잡혀 있다. 그는 성격이 밝고 긍정적이지만 종종 이렇게 말했다. "사실 태어나지 않았으면 좋았겠다는 생각을 가끔 해요. 왜 나만 이런지, 남들은 다 재미있게 사는데 내 인생만 왜 이렇게 힘들고 어려운지 생각합니다. 차라리 갑자기 죽어버리고 싶어 차에 뛰어들어 봤는데 사실 너무 무서웠어요."

많은 노숙인이 잘못된 만남 때문에 괴로워한다. 하지만

문제는 잘못된 만남이라기보다 만남 이후에 이뤄지는 각자의 선택이다.

K 씨는 시설에서 안내해준 리스타트(종이 접기) 일을 하면서 받는 스트레스를 말했다. 팀장의 갑질에 대한 토로였다. 항상 자신의 뒤에서 닭이 모이를 쪼듯이 자존심을 쪼아댄다는 것이다. 울분이 머리끝까지 치솟지만 다시 거리에 나갈 수 없어 원통함을 억누르며 차라리 무시하며 생활한다는 것이다. K 씨와 함께 일하는 동료들도 팀장의 스타일에 문제가 있다는 데 동의했다. 하지만 K 씨의 울분은 유별나다는 의견을 내놓았다. 다른 사람들은 그러려니 넘어갈 일에도 K 씨만 유독 고집을 피워 팀장의 말에 민감하게 반응한다는 것이다. 리스타트 팀장 입장에서는 일정한 물량을

생산해내야 하므로 전체 작업자에게 작업 속도와 방법을 강요하기 마련이다. 거주시설 노숙인들에게 일자리를 제공하고 성과를 내기 위한 팀장만의 작업 스타일이 있을 것이다.

 숙소를 제공하고 일자리까지 제공하며 관리 차원에서 월급까지 관리해주는 시설 측면에서 보면 더할 나위 없는 혜택이지만 당사자로서는 팀장의 한마디 한마디가 서운하고 자신을 괴롭히는 말투로 들릴 수도 있을 것이다. K 씨는 거리에서 시설로 들어오면서 그 점에 동의했을 것이다. 집을 뛰쳐나올 때의 울분을 생각하면 감내할 수 없는 수치심이나 모멸감은 이제 남아 있지 않을 수도 있다. 하지만 작업하다 보면 팀장의 말이나 태도가 산처럼 보이고 유독 자신만 괴롭히는 저승사자로 보이는 것이다. K 씨 삶의 선택지에 팀장은 절대로 포함하고 싶지 않은 사람이다. 그렇다면 지난 노숙생활, 더 지난 시절의 실수, 현재 거주시설에서 생활하는 자신의 모습은 선택지에 있었던가? 아니다. K 씨를 비롯한 많은 노숙인의 삶에서 자신의 인생에 없던 선택지는 너무나 많았다. 하지만 원가족 지지 체계부터 자신의 선택지에 없던 삶을 송두리 채 제외할 수는 없다. 그렇다면 왜 집을 떠나는가? 현재 선택지에 원하는 사람들이 갖춰져 있다면 이전 생활로 돌아갈 수 있을까? 고민은 여기서부터 시작된다. 내 경험상 NO다. 생각하지도 못한 기회가 갑자기 찾아와도 돌아갈 수 없다. 옛날 관계를 회복할 수 없을 뿐만 아니라 현재의 내가 감당할 수 있는 사람들은 이미 변했기 때문이다. 노숙생활이 1년을 지나면 직업인으로서 노숙인이 되는 이유도 여기에 있다.

문제는 선택지에 없는 인생이 내게 주어졌다는 사실이 아니라 어떤 선택이든 '나'라는 인간이 했다는 사실이다. 선택지는 내가 만들어가는 것이다. 내 삶의 선택지에서 지워버리고 싶은 사람과 운명적인 만남을 감사하고 싶은 사람이 있다. 하지만 곰곰이 생각해보면 그 어떤 선택지도 내가 만들어냈다는 것을 깨닫게 된다. 내 선택지에 지우고 싶은 사람들이 있다. 인사말도 없이 떠난 어머니, 외눈박이 송아지, 돌 지나 죽은 동생, 병색 짙은 아버지, 누구보다 선량했던 조카와 암에 쫓겨 처참하게 퇴장한 착한 작은형, 혈연이라는 이름으로 애매하게 연결된 사돈의 팔촌들 그들이 없었다면 내 마음이 이렇게 아프지 않았을 거라는 생각 때문이다. 하지만 그들을 만나지 않았다면 내 마음의 눈이 이만큼 깊어졌을지 생각해본다. 카네이션을 달고 스쿠터를 타고 논

길을 달리며 조조 영화 보러 가자는 장모님, 어깨가 딱 벌어진 짝퉁 진돗개의 눈빛, 황달을 이겨내고 병치레 없이 자라는 아들, 항상 삶의 중심에서 나눔과 배려를 실천하는 유쾌한 멘토 정문성 님, 어떤 에고(ego)도 없이 '내가 하고 싶은 미술사'를 공부하며 정기적으로 휴대폰 번호를 교체하며 인간관계를 정리하는 여명, 그윽한 눈빛으로 인자하게 지켜봐 주시는 류호정 여사님, 세상 풍경과 맛을 인화해내는 낭만적인 엔지니어 박연출 님, 항상 해맑은 소녀처럼 밝은 미소를 짓는 김순희 님…. '당신들이 거지라서 밥을 주는 게 아니라 먹고 힘내라고 주는 것'이라고 말해주는 살아 있는 성자 김하종 신부님 이런 분들이 내 주변에서 선명하게 살아간다. 애달프고 슬픈 일들이 내 선택지에 없었지만 내 편이

2. 선택지에 없는 사람들

되어주는 기쁜 마음들도 내 선택지에는 없었다. 하지만 선택지에 없던 사람들도 결국 나의 선택으로 나를 만들어냈다. 기쁘게 만나고 나누며 성장해나갈 원동력이 여기에 있다. 어떤 선택지도 스스로 만들어내며 삶의 주도권을 쥐고 온몸으로 이 땅에 뿌리내렸기 때문이다. 형이 암투병할 때 형을 살릴 방법을 생각해 보았다. 그건 누군가가 완전한 돌봄을 위해 자기 시간을 포함해 일상 모든 것을 형을 위해 바치는 일이다. 일단 다니던 직장을 정리하고 가족관계, 자녀돌봄 등 일상의 루틴을 전면 수정해야 가능한 일이다. 누군가 환자 옆에 24시간 붙어 매번 정확한 시간에 맞춰 운동하고 약을 전해주고 식단에 맞춰 식사를 준비하며 의기소침하지 않도록 돌보며 함께 하는 것이다. 그렇게 한 사람의 돌봄이 이뤄진다면 회복의 기적이 일어날 수도 있을 것이다.

만약 그랬다면 형은 복수에 물이 찬 상태에서 홧김에 삼겹살에 소주를 들이키지는 않았을 것이다. 옆에서 그동안 형제간에 나누지 못한 이야기를 나누며 하루하루 마지막 소풍처럼 형과 시간을 함께 했다면 형의 생명은 더 연장될 수 있었을 것이다. 하지만 환자가 발생해도 사람들은 모두 바쁘다. 각자의 삶의 루틴을 버리고 온전히 함께 할 수 있는 사람이 주변에 있던가. 그런 사람을 찾아보기 쉽지 않다. 물론 가끔 30년 넘게 아내, 남편, 자녀를 지키는 순애보가 보도되기도 한다. 하지만 떠난 당사자의 민망함과 고마움에 비해 자신을 내던진 사람의 희생과 억눌린 마음과 시간은 아무도 보상할 수 없다. 2~3년의 생명이 연장된 후 삶의 루틴을 잃은 사람의 공간을 어떻게 채울 수 있을지 생각하면 그마저 쉽지 않은 결정이다.

다시는 이런 인간들, 이런 사람들을 만나지 않겠다고 말하지만 선택지를 스스로 작성하지 않는 한 선택지에 없는 사람들은 예상하지 못한 곳에서 밀물처럼 밀려올 것이다. 지우고 싶은 사람들의 자리에 두고 싶은 사람들이 차지한다면 앞으로의 삶은 다른 모습일 수 있을까? 30년 동안 아내를 병수발한 순애보 아버지에게 자녀들이 말했다. "그동안 고생하셨으니 좋은 분 만나 여생을 행복하고 편안하게 사세요." 그러자 아버지는 이렇게 말했다. "내 여생도 같은 일을 반복하라는 말이냐? 사람이 바뀐다고 내 선택이 달라지겠냐? 이제 그만하련다."

마음의 아킬레스

"이제 집에 가셔도 되지 않아요?"
"네, 이제야 가족을 돕는 방법을 알게 되었어요"
"… 어떻게요?"
"내가 내린 결론은 내가 가족에서 빠져주는 거예요"

손재주가 많아 설비 자격증과 조경 자격증을 비롯해 적지 않은 기술을 보유한 B 씨의 말이다. B 씨는 비로소 자신의 위치와 목적지를 발견했다고 했다. 그는 이렇게 말했다. "시설에 머물다 보면 자기 수준에서 볼 때 손재주도 기술도 없이 술에 압도당해 흔들리는 동료가 많이 보인다. 모두 하루하루를 태연하게 보내지만 그 하루하루가 얼마나 무의미하게 흘러가는지 알고 있다". 스스로 술버릇을 떨쳐내지 못한 자신을 이제는 가족 근처에 데려가지 않기로 했다. B 씨는 가장의 위엄을 가족 앞에 세우지 않는 것으로 되찾았다. 위엄은 온전히 개인의 자유를 허용할 때 생긴다. 가장 개인에게 충실했을 때 함께 한 구성원이 기꺼이 자유를 공유하겠다고 허락할 때 비로소 얻어진다.

새하얀 인생은 없다. 인간인 이상 누구나 오점은 있기 마련이다. 오점은 갑자기 다가온다. 이 오점은 가슴 한가운데 자리잡아 일생을 좌우하는 방향키로 작용한다. 누구나 오점을 안고 태어나지만 오점을 다루는 방법이나 태도에 따라 인생이 결정된다. 오점을 잘 다루면 염치 있고 정의롭고 순수한 사람으로 보이게 하지만 오점을 제대로 알아차리지 못하면 평생 부평초처럼 흔들리며 방황하다가 차라리 태어나지 말았으면 좋았을 인생이 되어버리기도 한다. 모욕감, 고통스러운 감정, 수치심, 죄책감 등이 반복되어 누적되면 사람에게 일생 동안 영향을 미치는데 이를 '유독성 수치심'이라고 한다. 유독성 수치심은 자신에 대한 부정적 감정이다. 성격상 문제가 있고 아무 것도 제대로 할 수 없고 아무도 신뢰할 수 없는 불신, 삶의 호기심과 흥미 상실, 자신의 능력에 대한 실망감 등이 생긴다. 유독성 수치심은 자신에게 부정적인 화살을 쏘아댄다. 이는 자기부정에서 생기고 자기혐오로 발전한다. 인생의 오점, 즉 부끄러운 감정이 자신의 일부라는 사실을 부인하다 보면 한 번뿐인 소중한 인생을 허무하게 낭비하게 된다. 이것이 마음이 골절된 상태다.

사고로 마음이 골절상을 당했다. 겉으로 드러나지 않지만 상처는 덧난다. 흥건한 피가 온몸 구석구석 퍼져 파상풍으로 번지지만 소독약 한 번 제대로 처방하지 못한 채 시간만 흐른다. 눈에 보이지 않아 주변 사람은 물론 자신도 어디서 통증이 몰려오는지 알 수가 없다. 덧난 상처는 속으로 곪아 점점 더 커진다. 하지만 아무도 그 상처를 알아차리지 못한다.

영국 경제학자 오스왈드는 인간이 느끼는 슬픔을 계량화해 인간이 주관적으로 느끼는 생명의 가격치를 발표했다. 그는 사랑하는 이가 죽어서 받은 정신적 고통을 상쇄시키기 위해 1년 동안 금전적 보상이 얼마나 필요한지 조사했다. 배우자 사망은 22만 달러, 자식 사망은 11만 8천 달러, 배우자와 자녀를 동시에 잃었다면? 트라우마를 상처 크기로 계량화할 수 있다면 세상에 이보다 더한 트라우마는 없을 것이다.

반대로 이 트라우마의 상처를 이겨내는 것의 가치를 경제적 가치로 환산해봤다. 그 자체로 위에서 거론한 보상치를 상회할 것이다. 그러므로 상처 입은 마음을 걱정하며 지속적으로 그 아픈 마음을 만나는 일은 엄청난 마음 부자의 몫이다. 하물며 그 요건은 자격시험을 통과하거나 경쟁에서 이기는 것도 아니다. 하지만 깊은 공감력은 분명히 자격 요건이 필요하다. 스스로 누구 못지않은 트라우마를 견뎌내며 존귀한 생명을 증폭시키는 사회 구성원으로 살아가고 있어야만 가능한 일이다. 그때 비로소 아픈 사람을 '걱정'하는 사람이 될 것이다.

단순 반영으로 그의 곁에 머물다가 가끔 그의 기분이 좋을 때 한 번씩 노크하듯 복합 반영을 하며 그의 눈치를 잘 살핀다. 눈치 못 채게 그의 마음을 살피고 지금 마음이 어떤지 그에게 물어보자. 노크하듯 반영했을 때 그가 마음의 문을 열고 대답해주면 그에게 한 걸음씩 궁금해하며 그의 마음을 따라간다. 그의 마음은 골절상을 당해 아물지 않았다. 그러므로 조심조심 다뤄야 한다. 잘못하면 그의 상처는 척추와 온 신경까지 건드려 반신불수가 될 수도 있기 때문이다.

4

목발을 짚고 집을 나서며

 겉보기에 두 손 두 발 멀쩡하게 걸어가는 것 같지만 상처 입은 마음은 목발을 짚어야 겨우 걸을 수 있다. 상처입은 마음은 '진짜 나'를 방어한다는 명분으로 끊임없이 자신을 옥죄며 몰아붙인다. 그 모습을 상처난 마음에게 물어보면 마음은 파수꾼이라도 된 듯 전면에 나서며 말한다.

 "누가 '귀한 나'에게 간섭해? 나도 지금 죽기 살기로 버티고 있다고."

 변화를 돕기 위해 활동을 진행하다 보면 어느 순간 상처 입은 마음과 만나고 있다는 사실을 깨닫는다. 활동에서 만난 노숙인 참여자들은 이렇게 말한다. '이대로는 사는 게 아니죠. 가족을 꾸려 살고 싶어요. 더 이상 물러날 곳이 없어요. 더 떨어질 곳도 없어요. 잘 버텨야죠. 건강 잘 챙기면서 사람답게 살아야죠. 이렇게 도움을 받았는데 나도 한 번쯤 줄 줄 아는 사람으로 살고 싶어요' 이 말들은 한때 몸도 마음도 건강했던 있는 그대로의 '자기'들이 하는 말이다. 노숙 생활 이전부터 했던 건강한 '자기'가 하는 말로 현재 노숙시설에 거주하면서도 변함이 없다.

무엇이 달라졌을까? 태어나면서 자신은 건강했다. 타고난 유전 정보는 사람마다 다르지만 살아가면서 받은 외부의 수많은 자극 때문에 마음이 형성된다. 환경에 의해 상처 입으면서 건강했던 마음은 점점 예민해지고 날카로워지고 표독해지면서 나름대로 살 방법을 궁리한다.

어느 날 믿었던 친구가 뒤통수를 치고 사랑했던 가족이 폭력을 행사하고 예고도 없이 사랑하는 사람이 떠나가고 인간으로 여겨지지 않는 사악한 자는 승승장구하고 계획에 없던 사고를 당하고 참을 수 없는 수모를 당하는 등 '순수한 나'로 살아가기에 세상은 녹록치 않다. 이때 마음은 골절상을 입는다. 어느 순간 시스템이 엉킨 것이다. 노숙인의 마음이 자신을 보호할 최후 수단으로 선택한 것이 '목발을 짚고 집을 떠나는 결단'을 내리는 시점이다. 이때 비로소 마음은 다른 사람을 생각하고 자신을 각성하고 다른 사람의 생각을 짐작하고 다시 자기 생각을 되돌아보는 본질적인 임무를 수행한다.

건강한 상태에서는 무슨 일이든 '마음먹은 대로' 의지를 세워 결단하고 결단한 것을 행동으로 실천해 자신이 원하는 일을 습관으로 만든다. 이 습관이 자신을 성장시키는 방향으로 발달하기 시작하면 좋은 성격과 성품으로 발전해 결국 자기 삶의 주인으로 행복한 삶을 살아가게 된다. 건강한 사람의 마음은 주인의 말에 순종한다. 그는 자신의 넘치는 에

너지로 다른 사람과 더불어 공동체 의식을 갖고 의미 있는 일을 창조해 나간다. 하지만 상처입은 마음은 주인의 말을 듣지 않는다. '이 생활은 옳지 않아. 우리 집으로 가자'라고 주인이 말하면 마음은 이렇게 대답한다. '가장 믿었던 사람한테도 무시당한 너야. 네가 돌아갈 곳은 없어. 차라리 거리에서 사는 게 네게 어울려. 이나마 다행인 줄 알아.'

상처가 깊은 마음일수록 마음의 힘은 정교하고 교묘하게 주인을 지배한다. 노숙생활을 시작하고 나면 이 상처난 마음이 활개를 친다. 변화를 위해 감당해야 할 작은 불편함, 즉 규칙을 지키거나 먹고 싶은 것을 참거나 다른 사람의 지적, 함께 감당해야 할 희생 같은 불편함을 감당하려고 하지 않는다. 마음은 처음에는 단단히 삐친 사춘기 아이 같지만 어느 순간 비행 청소년이 되었다가 결국 조직폭력배의 모습으로 단단한 세를 구축하고 변화 의지를 가로막는다. 물론 처음부터 그런 것은 아니다. 어느 순간 예상하지 못한 채 만난 복병 때문에 마음의 골절상을 입고 거리로 나온 것이다.

현재의 복지 시스템에서 노숙인을 돕는 방법은 다양하다. 우선 의료시설, 재활시설을 비롯해 당장 기거할 곳을 마련해주는 자활센터, 무료급식소, 쪽방촌 등이 있고 시설마다 다양한 프로그램과 지원 시스템이 갖춰져 있다. 그런데도 상처난 마음들은 좀처럼 마음의 문을 열지 못한다. 상처난 마음은 척박한 땅과 같다. 어떤 작물을 심어도 뿌리내리기가 쉽지 않은 황무지처럼 메말라 있다. 각종 복지 시스템은 녹슨 기계를 차에 싣고 달리는 것처럼 먹여주고 재워주는 데 집중되어 있다. 상처난 마음에 닿기는 그만큼 쉽지 않은 현실이다. 하지만 우리 마음을 제조해내는 뇌 속의 뉴런 네트워크는 마음먹기에 따라 바꿀 수 있다. 공부, 활동, 독서, 여행, 경험, 창의적 상상을 통해 상처난 마음을 치유할 수 있다면 노숙인의 절뚝거리는 마음을 치유할 수 있지 않을까!

제롬 그루프먼 교수는 『희망의 힘』을 통해 자신의 마음 속에 들어 있는 희망이라는 긍정적 요소가 중요한 역할을 한다는 것을 보여줬다. 희망이 어떤 경로로 인체에 긍정적인 영향을 미치는지 과학적으로 입증하려는 노력을 시도한 그는 손에 잡히지 않는 희망이라는 인간의 감정은 뇌에서 엔도르핀과 엔케팔린이라는 물질의 분비를 촉진해 통증을 감소시켜준다는 것을 보여줬다.

이 풍요의 시대에 거리를 휘청거리며 배회하는 사람들이 있다. 마음의 상처를 입고 집을 나서서 절뚝거리며 살아가고 있다. 상처난 마음의 노예가 되어 자신의 꿈과 희망을 펼쳐보지도 못한 채 살아가는 사람들이다. 그들의 마음이 건강해져 '진짜 자기'의 말에 순종하며 희망의 싹을 틔워 각자의 우주 속으로 돌아가 살아가길 바라는 마음에서 시작한 것이 '변화를 돕는 의사소통 카드' 활동이다. 진심으로 걱정하며 일관성 있고 지속적으로 그들의 동기에 집중할 때 '진짜 마음'에 닿을 수 있는 활동이다.

상처입은 마음을 만나기 위해서는 따뜻하고 단단한 마음과 마음을 추스르고 어르는 인내의 시간도 필요하다. 그 방법으로 동기면담의 정신과 기술 과정을 바탕으로 '변화를 돕는 의사소통 카드'를 활용하게 되었다. 의도하지 않은 결과를 접한 많은 대상자 중 노숙인을 만나게 된 것도 사실 저자의 마음이라는 생각이 들었다. 그래서 마음을 만나는 절차를 동기 면담에 기반해 구성했다. 상처난 마음을 만나 보면 마음은 전쟁을 치른 상이군인의 무시무시한 눈빛으로 다가온다. 어떤 판단이나 선입견, 설득도 언감생심이다. 그래서 나는 전사의 마음으로 무장하기로 했다. '걱정 질문하기,

아픔 이해하기, 애씀 인정하기, 옳고 그름 판단하지 않기, 그의 한걸음 뒤에서 걷기, 그의 지향점 부추기기, 꽃을 모아 프러포즈하기'. 마음의 상처를 입고 정든 지옥을 떠난 사람들을 만나기 위해 동기 면담을 녹여 만든 나만의 백신이다. 마음만큼이나 그 결과와 효과를 알 수 없다. 하지만 따뜻한 전사가 되어 일관성 있고 지속적으로 그 마음들을 만나볼 작정이다. 마음 안에 협동, 동정, 수용, 유발의 정신을 장착한 채. 이제 그 여정을 만나보자.

Chapter 3

따뜻한 전사가 되어

1
걱정 질문하기

　의사 윌로즈는 '성공이란 얼마나 높이 올라갔느냐가 아니라 얼마나 많은 사람과 함께 갔느냐로 평가된다'라고 했다. 깊은 상처일수록 수면 위로 드러내 현실 삶 속에 노출되어야 비로소 치유할 수 있다. 아무리 깊은 상처도 단 한 명의 걱정하는 사람이 함께 해준다면 그 상처는 세상을 살아가는 데 큰 힘이 될 수 있다.

　니체는 '자신을 죽일 만큼 엄청난 것이 아닌 한 고난은 나를 더 강하게 만든다'라고 했다. 고난은 누구와 어떻게 다뤄나가느냐에 따라 인생의 향방을 결정하기도 한다. 믿어주는 단 한 사람의 힘은 영화에서도 볼 수 있다. 〈포레스트 검프〉의 검프에게는 한결같이 사랑과 믿음을 주는 어머니와 제니가 있었다.

"넌 할 수 있어. 뛰어봐."

악동들에게 꼼짝 못 하고 당하는 검프에게 제니가 던진 말이다. 검프는 다리에 차고 있던 보호대가 부서지도록 달린다. 보호대 같은 것은 애당초 필요없었다. 검프는 달리기 하나로 미식축구로 대학에 진학하고 베트남 전쟁터에서는 전우를 구했다. 왕따, 고독, 친구의 죽음, 연인과의 이별 같은 부정적 사건이 계속되었지만 그를 믿어주고 걱정해주는 따뜻한 응원은 그를 더 강하게 만들었다.

"가장 강력한 창조적 영감을 발휘할 때는 달성했을 때가 아니라 추구할 때"라고 말한 사라 엘리자베스루이스의 '근접성공'처럼 인생은 끊임없는 추구의 과정에서 빛난다. 시련을 극복해 나가는 과정에서 방법과 해결책을 모색하기 때문이다. 이 과정에서 꼭 필요한 것이 진심어린 마음으로 걱정해주는 질문이다. 걱정하는 질문은 상대방을 진심으로 근심하는 마음을 표현하는 것이다. 어떤 말로도 위로가 되지 않는 상처가 있다. 이 상처는 어느 한 시점에 일어난 충격적인 사건을 마음이 감당하지 못하는 상황이다. 마음이 흔들리면 핸들이 흔들리는 자동차처럼 걷잡을 수 없는 격랑을 겪는다. 사건에 관한 생각이 감정을 흔들고 감정은 부정적인 행동을 유발해 신체 반응으로 나타난다.

A 씨는 부모를 잃고 오갈 데가 없어 누이와 함께 살며 빵 공장에 다녔다. 하지만 누이의 평탄치 못한 결혼생활에 고통스러워했다. 이혼과 재혼을 거듭하는 누이와 더 이상 살아갈 수 없었다. 고민 끝에 A 씨는 누이에게 말했다. "그동안 누이가 관리한 돈을 돌려주세요. 저도 이제 독립해야겠어요" 하지만 반복되는 결혼 실패로 마음이 황폐해진 누이는 동생의 마음을 헤아릴 여유가 없었다. "내가 그깟 돈 떼먹을 줄 알아?"에서 시작된 말은 결국 "네가 우리 집에서 먹고 잔 게 얼만데"까지 이르렀다. 그날 A 씨의 마음은 무너졌다. 얹혀사는 동안 가뜩이나 눈치를 보며 편찮은 마음으로 살았는데 누이 걱정을 하며 조심스럽게 꺼낸 말이 무참히 짓밟히는 순간 A 씨의 인생도 무너졌다.

A 씨에게 "누이 집이 불편했지? 내가 가정사가 평탄치 못해 이래저래 빚이 있다. 그래도 누나가 준비해봤는데 부

족하지만 이 정도면 되겠니?"라고 말했다면 A 씨는 어땠을까? 한 번 구멍난 마음은 봇물 같아 걷잡을 수 없이 무너진다. 작은 구멍이 났을 때 누군가의 걱정 한마디로 메꿔주지 않으면 마음은 쉽게 쓰러진다. 그날 A 씨는 집을 나섰다. 15년 거리생활의 시작이었다. B 씨는 암 진단을 받고 요양차 교회에 갔다. 설비기술자인 B 씨는 교회 설비나 허드렛일을 도맡았다. 그러던 어느 날 제법 큰 공사가 맡겨졌다. 교회로서는 '꿩 먹고 알 먹고'였다. 누구보다 열심히 일했다. 자신을 받아주고 돌봐준 교회에 보답할 수 있다는 뿌듯함과 주님의 성전에 기여했다는 기쁨이 컸다. 그해 장마가 지면서 교회 배수관이 막혔다. 그때 교회 측은 B 씨에게 하

자 책임을 지워 비용을 최소화할 필요가 있었다. 의지했던 목회자가 사람을 동원해 협박하고 서류를 조작해 공사 하자의 모든 원인을 B 씨에게 돌리는 음모가 꾸며졌다. B 씨는 하자의 희생양이 되었다. "당신이 책임 시공을 했으니 책임지라"라는 청천벽력이 떨어졌다. 봉사하는 마음으로 해낸 공사여서 B 씨는 할 말을 잃었다. 당시 교회 측에서 B 씨를 걱정해주는 사람은 한 명도 없었다. 그때 B 씨가 느꼈을 서운함, 배신감이 얼마나 컸을지 짐작할 수 있다.

"얼마나 힘들었어요? 정말 무례한 사람들이네요. 정말 속상했겠어요"

B 씨는 면담 도중 이 말을 듣고 담배를 피워 물며 한참 동안 침묵했다. 걱정해주는 이 한마디를 과거의 그 당시에 들었다면 B 씨는 여생을 술에 의지하지 않았을 것이다.

"제게 무슨 일이 생기면 연락할 사람이 없습니다. 신부님. 제게 명함을 주십시오." 노숙인 한 명이 김하종 신부님에게서 명함을 받아 갔다. 그후 경찰서에서 김하종 신부님께 전화가 걸려왔다. "병원으로 오시겠어요? 노숙인 한 분이 어제 길에서 동사한 채 발견되었습니다. 가족이나 친구는 없고 지갑에 신부님 명함이 있어 연락드렸습니다"

그 후 김하종 신부님은 죽은 노숙인을 발견하면 '안나의 집'으로 연락해달라고 구청과 경찰청에 부탁했다. 성남에서 노숙인이 죽으면 김하종 신부님과 직원들이 장례를 치른다. '안나의 집'은 2000년부터 지금까지 매일 500명씩 노숙인에게 무료급식을 지원하고 있다. 김하종 신부는 말한다. "거지라서 밥을 주는 게 아니다. 희망을 품으라고, 밥먹고 힘을 내 스스로 일어서라고 주는 거다"라고 말한다.

도와주려는 상대방의 선택이 염려되더라도 걱정이라는 이름으로 지시하거나 금지하는 충고나 조언은 주의해야 한다. "내가 상대방보다 권위 있고 나이도 많고 아는 것도 많고 상대방은 정신장애나 중독 문제가 있어 나약한 사람이니 이끌어줘야지"라고 생각하면 상대방을 인정하기 어렵다. 상대방에 대한 인정과 이해가 없으면 상대방과 파트너십을 형성하기 어렵다. "나와 상대방 모두 소중하다는 이해가 무너지는 순간 상대방과 평등한 관계는 유지되기 어렵고 걱정하는 질문을 하기도 쉽지 않다. 학력, 재력, 명예, 성별, 나이 등의 차이를 넘어 현재 도움을 받으려는 문제를 걱정해주고 그 걱정을 물어주는 것은 깊은 관심과 애정이 없으면 결코 쉽지 않다. 상대방의 변화를 돕는 데 나와 상대방이 동시에 소중하다는 마음이 있을 때 비로소 그의 마음을 움직이는 걱정하는 질문이 가능해진다.

"흡연은 건강뿐만 아니라 경제적으로도 적잖은 손실이에요. 전문기관의 도움 없이는 좀처럼 끊기 어렵죠"라는 표현은 상대방을 무척 걱정하고 배려하는 것 같지만 상대방에게 도움이 되지 않을 뿐만 아니라 상대방을 진정으로 도우려는 태도가 아니다. "저도 금연을 했지만 정말 쉽지 않더군요. 방법도 각자 다르고요. ○○○님은 흡연의 문제점과 유익한 점을 그 누구보다 잘 알고 계시겠군요."
"그런 상황에서 어떻게 마약까지 가지 않고 술로 버티셨어요? 그 점에 대해 말씀해주시겠어요?", "평소와 달리 팀장에게 대들지 않고 참으셨어요. 어떤 마음으로 화를 참으신 거예요?"

일상에서 이 걱정은 매우 작게 시작되지만 이 작은 걱정이 전제되지 않으면 상대방의 마음의 문을 열기 쉽지 않을 것이다. "그렇게 결심만 하면 달라지는 게 없어요. 지금 당장 실천하셔야 해요", "이 일자리가 얼마나 좋은 자리인지 아시죠? 어떤 일이 있더라도 규칙을 잘 지키셔야 해요" 등의 그럴듯한 말들이 상대방의 변화를 유도하는 데 효과적이지 않다면 걱정하는 질문을 차근차근 살펴봐야 한다. 상대방을 돕고 싶은 마음이 생겼다면 그의 눈을 바라보며 걱정을 조용히 질문해보자.

"당신 지금 어때요?"
"어떤 걱정이 있으신가요?"
"지금 가장 걱정되시는 건 무엇인가요?"
"그 걱정을 덜기 위해 어떤 도움을 받고 싶으신가요?"
"지금 어떤 시도를 하고 계신가요?"

2

아픔 이해하기

    진심으로 걱정하는 마음은 상대방에 대한 어떤 공감의 표현보다 강력하다. 걱정하는 마음을 질문하고 나면 상대방은 속내를 털어놓는다. 이때 그동안 문제를 어떻게 다뤄왔는지 물어보고 이해하려는 태도가 필요하다. 상대방의 아픔을 이해하려면 상대방의 경험 가치와 동기를 겉으로든 속으로든 판단하지 않고 그의 온전한 동기에 귀 기울여야 가능하다. 아픔을 이해하는 것은 개인의 삶의 방침과 선택의 수용이고 개인이 경험하는 어려운 감정을 존중하는 것이다. 아픔을 이해하는 데는 타인을 향한 조건 없는 사랑의 의미가 포함되어 있다.

    "누님의 유언이 ○○○님이 조문오지 않는 거라고 하셨

는데 ○○○님이 술을 드시고 하셨던 난폭한 행동 때문이었다…. ○○○님은 알코올 문제를 안타까워하시고 속상해 하시네요"와 같이 상대방을 온전히 이해하는 마음이 뒤따라야 한다.

벌겋게 달아오른 숯불을 손에 쥐고 누군가를 도울 수는 없다. 맨손으로 숯을 다스릴 수 있을 만큼 연단이 되어야 비로소 숯에 잠재된 화력을 활용할 수 있다. 숯을 잘 다루면 벌레를 퇴치하고 모닥불을 만들어 고기를 맛있게 구워 먹을 수 있다. 숯의 속 깊은 열은 한 번 불을 지피고 나면 심장보다 뜨거운 열과 신비한 빛까지 발산한다. 상처는 숯과 같다. 잘 다루면 삶의 다양한 장면에서 요긴하게 쓸 수 있지만 다루지 못하면 몸을 태워버릴 수도 있다. 나는 상처를 다룰 때 이 숯불의 원리를 적용한다. 뜨거운 숯불을 다루지 못하면 불똥이 튀듯 사람들과의 의사소통에서도 자신을 솔직하게 표현하지 못할 뿐만 아니라 자신이 소중하게 여기는 가치를 찾는 데도 큰 걸림돌이 된다. 숯불에 살을 대보면 알 수 있다. 그 불꽃이 얼마나 뜨거운지. 깊고 아린 그 뜨거움은 손을 절단해도 소용없을 만큼 심장에 그대로 남아 있다.

상처가 그렇다. 정신의학 전문의 가보르 마테는 『굶주린 유령의 영역에서: 중독과 조우』에서 중독의 의미를 표현했다. 그는 자신이 경험한 트라우마를 극복하는 과정에서 자신의 상처를 다루며 외상을 다루는 전문가로 거듭났다. 그는 많은 트라우마 환자들이 경험하듯 가장 예상하지 못한 곳에서 가장 치명적인 상처를 입었다. 일하던 병동에서 가장 친하게 지낸 동료들이 '그와 함께 일하기 어렵다'라는 진정서를 내 분노와 억울함을 경험했다. 그는 피투성이가 된 채 시궁창에 던져진 느낌이라고 표현했지만 이런 증상은 트라우마를 경험한 많은 사람들이 경험하는 공통적인 현상이다. 믿었던 가족의 기만, 영적 치유의 대상이던 목회자의 배신, 오랜 세월 유능한 줄로만 알았던 자신의 무력함에 대한

실망, 가족을 위해 살아온 자신을 기만한 아내의 불륜, 도박에 빠져 딸과 아내를 떠나보내고도 다시 도박장으로 향하는 발걸음을 어떻게 이해해야 할까?

들개 니케온 무리는 동료가 먹이가 되면 한 번 크게 울부짖고 어깨를 늘어뜨리고 천천히 다른 곳으로 이동한다. 하지만 인간은 외상을 입으면 그 상처를 속으로 삼키며 이겨내려고 안간힘을 쓴다. 허황된 사업에 손대거나 담배, 술, 마약, 섹스, 과도한 식탐, 거식증 등에 시달린다. 상처입기 전에 그토록 소중하게 생각했던 일들과 멀어진다. 명예, 용서, 자유, 관대함, 수용, 가족, 정의 등의 가치는 온데간데없다. 뜨거운 숯불을 맨손으로 뒤적이는 모습과 비슷하다. 외상의 충동에서 벗어나려면 자기파괴적인 습관이나 물질 남용 등으로 도피하는 자신이 무엇 때문에 그런지 돌아봐야 한다. 잘 다루지 못한 상처는 숯불처럼 좀처럼 꺼지지 않는다. 어쩌면 평생 안고 가야 할지도 모른다. 그러므로 이 뜨거운 것을 살피고 한걸음 물러나 바라볼 수 있어야 비로소 부작용을 막을 수 있다. 그러기 위해서는 상처가 자신의 일부라는 것을 받아들이고 유연하게 바라볼 수 있어야 한다.

두뇌가 발달한 사람일수록 트라우마는 심하게 나타난다. 그들은 실수를 용납하지 않는 잘못된 습관을 갖고 있다. 한두 번의 실수에 대한 죄책감에 쫓겨 강박적으로 집중한다. 우리를 깜짝 놀라게 하는 권력자나 유명인사의 성 추문, 마약중독, 갑질 행태를 보면 그들이 트라우마에 얼마나 매몰된 채 살아가는지 알 수 있다. 그 재능을 제대로 발휘하지 못하는 것이 안타깝지만 그들은 '자신의 속내를 불보듯 빤히 들켜버렸다는 수치심과 자괴감'을 이겨내지 못한다. 주변의 잘나가는 친구들을 유심히 살펴보면 금방 알 수 있다. 그들은 공감력이 극히 떨어지는 경향이 있다. 그들은 내면의 목소리에 귀 기울이는 데 인색하다. 밖으로 표출된 자신의 위세가 내면 따위를 돌아볼 필요가 없을 만큼 강하고 화려하다고 생각하기 때문이다. 하지만 '인간은 나약한 동물'이라는 단순한 사실만 안다면 자신이 얼마나 편협하고 교만했는지 알 수 있을 것이다. 돈과 명예를 내세우는 사람들에게는 교만이라는 멍에를 씌워 가난하고 겸손한 사람들과 균형을 맞추는 것이 자연의 섭리다. 부자들에게 교만이라는 형벌이 내려진다는 것이 신기할 정도다.

"자신이 추구하는 가치로부터 멀어졌다고 너무 몰아세울

필요가 없다. 현재의 모습은 각자가 선택한 결정체다"

걱정을 질문하고 나면 그의 수고, 견딤, 아픔이 고스란히 한 편의 영화처럼 상영되는 경험을 할 수 있다. 이때 한 편의 영화에 몰입하듯 그의 영화를 이해하고 말을 건넬 수 있다.

2020년 정초부터 코로나19가 창궐했다. S 시설센터에 참석한 대상자들은 건강한 모습이었다. "이 어려운 상황에서도 잘 견뎌주셨어요. 어떻게 지내셨어요?"라고 질문하니 센터장은 많은 거주자가 주말 외출금지를 참지 못하고 퇴소

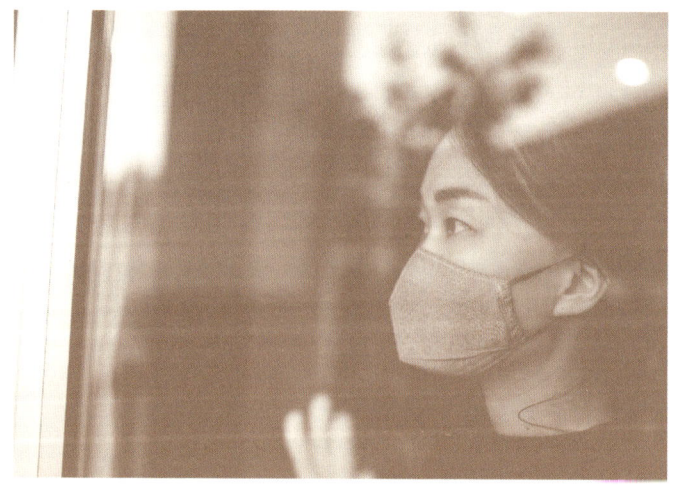

해 인원이 많이 줄었다고 대답했다. 그나마 잘 견디는 사람들이 있어 다행이라는 말이었다. '가치 찾기 활동' 도중 참가자들 사이에 실랑이가 벌어졌다. 참가자 한 명이 자신의 소중한 가치로 가족을 선택했을 때 다른 참가자가 "가족은 다 필요 없으니 잊어라. 시간이 해결해준다"라고 반응했다. 그러자 이쪽에서 "그걸 누가 모르냐? 당신이 중요한 가치는 돈이라고 했는데 지금 빈털터리가 되었는데 어쩔 거냐?"라며 다투었다. 각자가 선택한 소중한 가치는 삶의 목표와 기대를 뒷받침하므로 살아가면서 꾸준히 찾아 나가야 할 부분이다.

"코로나19를 잘 극복하고 있는 모습에 기쁘네요. 그런데 우리 안에 있는 바이러스는 어떨까요?"라며 내 안의 바이러스는 무엇인지 의견을 나누는 시간을 가졌다. 상대방을 충분히 이해하지 못한 상태에서 다른 사람에게 하는 충고나 조언은 민폐다. 하물며 한순간의 실수로 현재의 처지에서 갖지 못하게 된 '삶의 가치'를 표현할 때도 그의 속내를 이해하려는 태도가 필요하다. 상처를 충분히 이해받지 못한 채 살아가면 삶이 엉뚱한 방향으로 틀어진 모습을 흔히 볼 수 있다. 이는 자신의 상처를 극복하려는 몸부림인데 숯불을 맨손으로 든 것만큼 위험하다. 자신에 대한 연민의 마음을 감당하지 못한 채 그 대체 수단으로 봉사를 선택했다면 그 봉사는 노동뿐만 아니라 폐단이 될 수도 있다. 적어도 내가 견디며 감당할 수 있을 만큼의 회복력을 갖췄을 때 비로소 봉사로서 의미가 있을 것이다.

보살핌(나 또는 타인에게 정성을 기울이고 안전하게 보호하고 돕는 것)이라는 가치를 소중한 가치로 선택한 사람이 우울증에 시달리며 살아가고 있다면 그는 자신의 아픔을 충분히 이해받지 못했다는 증거다. 이때 다음과 같은 이해가 필요하다. "당신의 안전은 어떠신가요?, 누군가를 돕고 싶은 마음이 커 보이세요. 당신이 애쓰는 모습은 어떤 거죠?"

"많이 아프셨네요"
"세상에! 숨이 멈춰버리길 바라셨네요"
"정말 힘드셨겠네요"
"어떤 말로도 표현할 수 없으셨네요"
"술만한 친구가 없으셨군요"

3

애쓺 인정하기

"아들! 너는 계획이 다 있구나!" 영화 〈기생충〉의 유행어다.

이 말은 변화를 도와주려는 사람이라면 누구나 가져야 할 태도다. 현재의 결핍된 모습을 보면 지적해야 할 부분은 너무나 많다. 하지만 그 지적은 변화에 도움이 안 된다. 노숙인을 보면 알 수 있다. 노숙생활을 하다 보면 기본적으로 음주, 흡연은 기본이 된다. 노숙인 중 "저는 술, 담배 안 합니다"라는 분들은 유난히 피부가 곱고 단정하거나 더 이상 술, 담배를 할 수 없을 만큼 건강이 악화된 두 가지 경우다. 음주, 흡연, 도박, 파산, 실직, 각종 중독 등은 노숙인이 공통으로 가진 심리·사회적 경험이다. 그 과정과 사연도 사람 수만큼 다양하고 복잡하다. 하지만 자세히 들여다보면 아픔 속에서 그가 얼마나 고군분투했는지 알 수 있다. 물론 현재 처한 상황을 더 인내하며 원활한 해결 방법을 찾지 못하고 집을 뛰쳐나와 거리로 나선 것은 안타깝고 아쉽다. 하지만 아쉬운 점을 뛰어넘는 점은 그의 애씀이다.

누군들 거리로 나서고 싶었겠는가? 면담하다 보면 참여자들은 노숙생활을 하면서 겪은 참담한 경험을 토로하면서 인간이 살면서 절대로 하면 안 될 일 중 하나가 '노숙'이라고 말한다. 노숙생활이 사람을 얼마나 절망시키는지를 말해주는 대목이다. 그런데도 인정할 부분은 현재 처한 상황은 나름대로 '애씀'의 결과라는 사실이다. 현재의 모습은 나름대로 '최선을 다해 노력한 결과물'로 '결과가 원하는 방향으로 진행되지 않았다'라는 이해가 필요하다.

크리스마스 날이었다. 이제 아이들은 산타클로스에게 선물을 기대하지 않는다. 초등학교 시절 내내 머리맡에 양말을 두고 자던 아이가 산타클로스가 아빠였다는 사실을 눈치챘을 때 "산타클로스는 터키 사람으로 본명은 니콜라스(Nicholas)라는 주교였고 앞에 수호 성인(Saint)이라는 이름을 붙여 오늘날의 산타클로스로 불린다", "비행기도 무료로 탈 수 있고 마음껏 세계를 누빌 수 있다" 등의 말을 덧붙이며 변명을 이어갔다.

그러던 어느 날 아이가 따지고 들었다. "아빠는 왜 맨날 책만 선물해? 우리에게 필요한 게 뭔지 물어보지도 않고" 처음에는 농담으로 치부하고 이렇게 받아쳤다. "그래도 심사숙고해 고른 책이야" 감정이 고조되기 시작한 것은 이 말이 끝나기 무섭게 튀어나온 아이의 말이었다. "그리고 시시때때로 읽어보니 내용이 어떠냐고 캐묻는 것도 부담돼" "내가 언제 캐물었니? 읽었는지 궁금해 물었는데"

"그게 나한테는 엄청 압박이라고요. 읽고 독후감 쓰라는 것보다 더 싫어"라며 짜증을 낼 때는 더 이상 화를 참지 못하고 폭발해버렸다.

"내가 쓴 설명은 읽어보기나 했니? 내가 널 얼마나 생각하며 쓴 건데…"까지 오자 감정이 극에 달한 아이는 울음을 터뜨리고 말았다. 자식에 대한 배신감, 무례한 말에 대한 서운함, 상담자로서의 자의식 등이 한꺼번에 몰려왔다. 10년 넘게 상담을 공부해오면서 숱한 경우를 접했지만 나는 과연 상대방을 인정할 수 있는 사람인지 의심스러웠다.

그날 오후 내내 말 한마디 섞지 않고 서먹한 크리스마스를 보냈다. 나를 깜짝 놀라게 한 사건은 저녁에 일어났다. 저녁식사를 마치자 아이가 가족을 모두 불러 모아 소파에 앉게 했다. 그러면서 한 명씩 호명해가며 자신이 준비한 선물을 건네기 시작했다. 방학 중 마트에서 아르바이트해 모은 돈을 모두 털어 준비한 선물이었다. "엄마는 평소 오른쪽 다리가 아프다고 하셨으니 무릎 보호 밴드 그리고 운동하는 데 치렁치렁한 이어폰이 걸리적거리니 무선 이어폰, 아버지는 치렁치렁한 머리를 묶고 운동할 수 있게 테니스 선수 나달이 사용하는 헤어 밴드 그리고 숙면하고 싶다고 목 아래에 휴지를 말아 넣고 자면서 아침마다 바닥에 휴지가 뒹굴게 했으니 이참에 숙면 베개 그리고 누나는 도시락 쌀 때 작은 프라이팬이 있었으면 좋겠다고 중얼거렸으니 계란 프라이나 팬케이크 굽기 좋은 소형 프라이팬".

그날 나는 가슴이 뭉클했다. 돌아보니 10년 넘게 인형 하나에 책 한 권 선물하는 것을 고정 레퍼토리로 반복했고 '사랑하는 ○○○에게! 이젠 어엿한 중학생이 되었구나! 네가 꿈꾸는 일을…. 메리 크리스마스'라고 썼다. 나는 이런 정성어린 노력이 아이들에게 부담을 주리라곤 상상조차 못했다. 내 나름대로 최선을 다해 준비했지만 받는 입장은 다를 수 있다는 것을 생각하지 못했다. 아이에게 무엇이 필요한지 한 번도 물어보지 않았다. "미안하다. 아빠한테 서운했겠구나. 앞으로는 네 의견을 물어보마".

아이는 한 달 넘게 고민하며 정성을 다해 선물을 준비한 자신의 마음 씀씀이로 볼 때 아버지의 상투적인 선물에 '그동안 선물에 대해 불편한 마음' 정도는 표현할 수 있다고 생각한 것이다. 하지만 나는 아이의 서운한 마음을 이해하지 못했다. 내 나름대로 신경 써 준비했고 정성들여 쓴 편지여서 최소한 '감사의 인사' 정도는 기대했다. 기대가 섞인 선물은 상대방에게 충분한 이해라고 볼 수 없을 것이다.

그날 나는 아무리 좋은 뜻으로 준비한 선물도 상대방에게 부담이 될 수 있다는 것과 상대방의 의견을 물어보지 않고 건네는 선물은 상처가 될 수도 있다는 것을 경험했다. 하물며 수십 년 동안 아무에게도 말하지 못한 마음을 만나기 위해서는 그의 '애씀을 인정하기'가 필요하다는 사실을 알게 되었다.

"어떻게 견디셨어요? 애쓰셨네요"

애씀을 깊이 인정받으면 생기가 난다. 자신감과 용기를 불러일으켜 애쓰는 자신의 모습을 바로 볼 힘을 준다. 자신이 얼마나 애쓰며 여기까지 왔는지 아무한테도 인정받지 못하면 자신의 무능력에 좌절하거나 포기하고 싶은 심정이 된다. 못난 자신을 단죄하기 위해 일부러 험한 일을 찾아다니며 자신을 혹사시킨 이야기를 들으면 안타깝다. 그 애쓴 이야기를 듣고 "얼마나 힘드셨어요? 이만큼 버티시느라"라는 한마디에 눈물을 쏟는 모습은 면담은 물론 사회생활을 하면서도 흔히 볼 수 있다. 이는 남들이 보기에 남부러울 것이 없는 사람일수록, 주변의 부러움에 들떠 살아가는 사람일수록 두드러진다.

한 번의 인정하기는 목숨과 맞바꿀 만한 힘이 있다. 관우, 장비가 목숨을 걸고 유비를 지켜낸 이유도 인정하기 때문이다. 나는 어머니의 '미친 년' 한마디에 흔들리지 않을 수 있었다. 중학교 시절 정신이상 증세의 사람들이 치료를 받지 못한 채 이곳저곳 떠돌아다녔다. 버스 정류장에서 해진 옷을 입은 여자가 달려들어 귀싸대기를 때린 적이 있다. 순식간의 사건이라 나는 절반은 기절한 상태였다. 멀리서 "너, 왜 엄마한테 말도 없이 집을 나가 안 들어와?"라는 소리가 들렸다. 아들을 잃은 상실감을 견디지 못하고 정신이 상이 된 여자였다. 그때 다래끼가 난 왜소한 아주머니가 그녀의 멱살을 잡아 쓰러뜨리는 것을 똑똑히 봤다.

"웬 미친 년이 우리 귀한 아들한테 손을 대?"

그 사건 이후 얼마 지나지 않아 어머니가 돌아가셨다. 나는 어머니의 '미친 년'과 '귀한 아들'이라는 말로 수십 년을 버텼다. 누구나 아프지만 더 아픈 사람을 보면 그가 얼마나 애쓰는지 알게 되었고 내가 아플 때는 혹시 내가 누군가를 아프게 하지는 않았는지 생각하게 되었다. 나를 인정하고 믿어주는 세상에 단 한 사람이 있다면 그가 세상을 떠나도 그 힘은 살아 있다.

'뉴스 공장'의 김어준이 고등학교 시절 방안에서 담배를 피우자 그의 어머니가 한 말이 있다. "담배를 피우는 건 네 자유지만 목사님이 심방도 오니 나가서 피워라"라고 했을 때 "내가 원하는 것을 숨어서 할 수는 없다"라며 1시간 넘게 논쟁을 벌였다. 결국 어머니는 그의 뺨을 때리며 "그래, 피워라. 이 자식아!"라고 했다는 것이다. 대학에 낙방해 화장실에서 울고 있는 그에게 문을 부수고 들어와 "그깟 대학이 뭐라고. 나는 널 이렇게 키우지 않았다"라고 말했고 고등학교 시절 "도시락 하나 제대로 싸준 적 있느냐"라며 대드는 아들에게 "그건 맞다"라며 웃으시던 어머니.

'모든 일의 결과에 책임질 수 있다면 못할 일이 없다'라는 삶의 태도는 오롯이 어머니에게서 배웠다는 그는 재야 언론인으로 거침없이 당당하게 살아간다. 애씀을 애서 외면하는 척박한 언론 환경 속에서 유쾌하게 언론의 정론을 걸으며 뉴스를 생산해내는 그의 힘은 '자기'를 잃지 않으려는 아들의 애씀을 속 깊이 인정한 엄마의 힘 아니었을까? 아픔을 이해하면 그의 애씀을 인정하는 말과 행동을 선물해보자. 상대방에게는 최고의 선물이 될 것이다.

"많이 아프셨겠네요. 그래도 이렇게 견디셨어요?"
"세상에! 숨이 멈춰버리길 바란 적도 있지만 포기하지 않으셨네요"
"정말 힘드셨겠네요. 그들이 정말 힘들게 했네요"

4

옳고 그름 단정하지 않기

　상처난 마음은 옳고 그름의 문제가 아니다. 지금 그가 아프다면 많이 애쓰고 살았다는 증거다. 장애가 있든, 두뇌 손상이 있든, 중독 문제가 심각하든, 집을 떠나 노숙생활을 하든 현재의 모습은 그가 해낸 나름의 노력의 결정체다. 그의 변화를 돕기 위해서는 현재의 모습을 옳고 그름의 잣대로 단정하지 않는 태도가 필요하다.

　어떤 상황에 처해 있든 개인은 인간으로서 존중과 사랑을 받을 가치가 있다. 그리고 각자 삶의 모든 부분은 자신이 선택하고 결정을 내릴 권리가 있다. 변화를 돕기 위해 활동 프로그램을 운용할 때 가장 걱정되는 것은 내담자들이 죄의식을 갖고 활동에 수동적으로 참여하는 것이다. 특히 현재 변화의 단계를 얼마나 인식하고 있는지, 변화 의지는 있는지, 현재 어떤 노력을 하고 있는지 확인하는 질문을 시작할 때는 참여자들의 현재 상태가 그 자체로 옳다고 전제해야 한다.

노숙인 대상의 '변화 단계와 행동 실천' 활동 당시 다트 던지기가 유용하게 활용되었다. 이 활동에서는 자신의 변화 단계 인식하기, 행동 실천 노력 북돋우기 두 단계를 거쳐 활동을 진행할 수 있다. 우선 변화 단계 인식하기다. 이 단계에서는 인식 전, 인식, 준비, 행동 실천, 유지의 각 변화 단계를 소개하고 자신이 변화의 어느 단계에 있다고 생각하는지 질문한다. 참여자들은 변화의 필요성을 인식한다고 말하거나 변화의 필요성을 아직 느끼지 못하는 인식 전 단계에 머물러 있다고 말한다. 자신이 준비 단계에 있다고 표현하는 참여자에게는 어떤 준비를 하고 있는지 질문해 변화 단계를 인식할 수 있도록 도와줄 수 있다. 자신이 생각하는 단계에서 어떤 행동 실천 노력을 하는지, 자신의 단계를 정확히 인식하는지 확인하는 활동으로 다트 던지기를 실시한다.

다트판에 변화의 5단계, 즉 인식 전, 인식, 준비, 행동 실천, 유지를 표시하고 다트를 던져 맞추는 활동이다. 자신이 준비 단계에 있다고 표현한 참여자에게 다트를 건네주며 준비 단계를 맞춰보게 한다. 참여자가 준비 단계를 겨냥해 던졌지만 인식 전 단계나 인식 단계를 맞추면 실패로 보지 않고 이렇게 질문한다. "○○○님은 변화를 위해 여러 준비를 하고 있다고 하셨는데 결과는 여전히 변화 필요성의 인식 전 단계네요. 어떻게 생각하세요?", "준비는 하고 있지만 사실 마음뿐이고 제대로 준비하지 못하고 있어요", "아! ○○○님은 준비하고 있다고 생각했지만 변화를 위해 구체적으로 어떤 준비를 하는지는 인식하지 못하시네요"

이와 같은 활동을 통해 자신의 현재 노력이 한두 번의 시도로 원하는 결과가 도출되지 않았더라도 그 자체로 '애쓰고 있음'을 인정하고 옳고 그름의 잣대로 판단하지 않아야

4. 옳고 그름 단정하지 않기

한다. 이와 같은 활동이 참여자에게 자신의 현재 변화 단계를 정확히 인식하고 현재의 행동 실천 노력을 각성하는 경험을 제공할 수 있다.

가치 카드 65개 중 20개를 뽑아 다트판에 표시한다. 이때 20개 중에서 현재 소중하게 생각하는 가치를 선택하게 한다. "○○○님은 앞으로 어떤 변화를 하고 싶으세요? 그런 변화를 위해 지금 중요한 가치는 무엇일까요? 이 중에서 선택해 보세요"라고 하면 참여자는 원하는 변화의 모습을 표현하고 자신에게 소중한 가치를 선택한다. 이때 변화하는 데 가치가 왜 중요한지 표현하게 한다. 그런 다음 다트를 건네며 자신이 소중하게 선택한 가치를 다트를 던져 맞추게 한다. 20개 가치 중 하나를 맞추기는 쉽지 않다. 다트 세 개를 건네주고 참여자 자신이 선택한 가치를 맞추는 시도를 한다. 참여자가 원하는 가치를 맞추지 못했을 때 실망하기도 한다. 하지만 선택지의 가치는 모두 다를 뿐 나름대로 의미 있고 소중하므로 선택된 결과를 나누며 '행동 실천 노력' 그 자체가 의미 있다는 사실을 공유한다.

예를 들어 돈이 중요해 돈을 겨냥했지만 사랑, 가족, 우정 등의 가치를 맞췄을 때 "돈을 선택하려고 노력했지만 가족을 맞췄어요. 어떠세요?"라고 물으며 돈의 가치와 가족의 가치를 연계해 표현하고 공유하면서 참여자의 실천 노력이 옳고 그름의 문제가 아니라 그 자체로 의미 있다는 것을 인식하도록 도와준다. 이 과정에서 변화가 결코 쉽지 않다는 점, 원하는 행동 실천 단계를 맞췄을 때 변화를 위해 어떤 행동을 실천했는지를 공유할 수 있다. 다트가 표적 밖으로 벗어나면 변화의 수레바퀴에서 맴돌며 벗어나지 못했던 자신이 자신만의 길을 찾은 것을 축하해주며 특별 선물을 줄 수도 있다. 작심하고 다트를 던졌지만 의도와 다르게 꽂혔을 때는 그 결과가 '맞다, 틀리다'의 관점보다 그가 시도한 의도와 노력을 인정하고 결과를 통해 자신의 애쓰는 마음을 공유하면 자신의 모습을 볼 기회가 된다. 노력하지만 원하는 대로 되지 않는 모습, 어쩌면 그것이 현재 자신의 모습일 수 있기 때문이다. 특히 마음의 문제에서 더 그렇다. 의도치 않은 결과는 실수이거나 자신의 그릇된 판단 때문일 수 있지만 결국 마음먹은 대로 행동이 따르지 않는 '상처난 마음'이 집중력을 잃었기 때문일 수도 있다. 하지만 원치 않는 결과나 실수를 노력의 일부로 인정하면 향후 각성해 성공 가능성을 높이는 데 도움이 될 수 있다.

"현재 변화 단계는 어디인가요?"라고 물어보면 많은 사람이 인식 단계라고 대답한다. 자신의 문제가 무엇인지 충분히 알고 있고 변화의 필요성이 있다고 말한다. 하지만 지금 다트를 던진 것과 같은 시도를 한 적이 있는지 물어보면 변화의 욕구와 능력, 이유를 절실히 생각하지 않은 경우가 많다. 변화를 위한 행동을 결단하지 못하고 제자리에 맴도는 이유가 여기에 있다. '언젠가 시간이 되면 변화해야 하는데…'라는 막연함 속에서 시간을 보내는 것이다. 이때 과연 C(Client)가 문제의 심각성을 제대로 인식하고 있는지 확인해야 한다. 다트 활동을 통해 이 부분을 다룰 때 주의할 점은 그의 동기를 판단하지 않고 그대로 읽어주는 것이다.

자신이 인식 단계에 있다고 말하고 나서 인식 전 단계를 맞췄을 때 "당신은 변화의 필요성을 인식하지만 여전히 준비하지 않고 있군요. 당신에게 변화가 얼마나 중요하죠? 10점 만점에 몇 점인지 말해줄 수 있나요?"라고 물어볼 수 있다. "중요성은 8 이상이죠. 그런데 지금 가진 돈도 없고 가족을 실망시켜 할 수 있는 게 없어요.", "지금 여기서 할 수 있는 건 무엇일까요?", "일단 이곳의 규칙을 잘 지키고 알선해준 리스타트 일을 꾸준히 하면서 3년 동안 버텨야죠"

다트를 활용해 '의사소통 카드 활동'을 하다 보면 활동에 몰입되어 참여도 적극적이고 자연스럽게 자신의 현재 모습을 바라보는 경험을 한다. 이때 단계별 작은 강화물을 준비하면 효과를 극대화할 수 있다. 활동 모습을 현실 속에서 나누면 좀처럼 시도하지 않는 자신의 모습을 자연스럽게 다룰 수 있다. 특히 더 많은 선물이 걸린 행동 실천과 유지 단계를 맞췄을 때는 "당신이 행동 실천을 통해 원하는 변화를 이뤘다면 당신에게 어떤 선물이 도착할까요?" 등의 질문이 도움이 된다. 하지만 다트는 원하는 대로 맞지 않는다. 여러 요인이 있지만 다트판 거리 두기에서도 이 부분을 나눌 수 있다.

다트판과 먼 상태에서 "당신은 변화의 수레바퀴 어느 단계에 있나요?"라고 질문하면 잘 보이지 않는다고 대답한다. 이때 "지금은 인식 전 단계입니다. 다트 활동을 시작하는 순간부터 당신은 활동을 시작합니다. 어느 부분이 어려운지, 그 이유는 무엇인지 의견을 나눠봅시다"라며 각 단계의 특성을 설명하고 활동을 진행하면 참여자들은 자신이 변화의 수레바퀴에 갇혀 맴돌고 있다는 것을 깨닫게 된다. 다트를 제대로 맞추지 못해 선물을 받지 못한 참여자는 의기소침하고 멋쩍어한다. "나는 항상 이 모양이야!"라는 자책감에 사로잡혀 표정이 어둡다. 이때 그의 마음은 '옳고 그름의 문제'가 아니라고 격려하며 아직 기회가 있고 당신의 진짜 변화는 아직 시도하지 않았다는 것을 공유한다. "축하합니다. 행동으로 실천하고 있군요.", "아쉽지만 여전히 변화의 필요성을 인식하지 못하고 계시네요. 분발하세요.", "와! 준비하고 계시는군요. 어떤 걸 준비하고 있죠?" 등의 나눔 활동은 그의 노력을 인정하는 언어적, 비언어적 표현을 아우르는 말이다. 그들이 선택한 단계를 찾아가 그 단계의 특징을 소개하면 참여자들은 조용히 자신의 단계와 변화 순서를 생각한다.

낙인, 편견, 불평등, 차별, 진단에 대한 인상, 명명되기, 선택권이 제한되거나 박탈된 경우, 선택했지만 책임지고 싶지 않아 회피한 경우, 두려움이 앞서 포기해야 했던 이야기를 나눌 수 있다. C의 노력을 옳고 그름으로 판단하지 않고 자신의 선택과 책임을 통해 다룬다면 C가 원하는 방향으로 가는 데 힘이 되고 그의 애씀과 그가 지향하는 가치를 인정하는 효과가 있다.

"○○○님이 노숙생활에서 탈출해 직업을 찾고 가족 품으로 돌아가는 것은 ○○○님에게 달려 있습니다", "노숙이라는 생활인으로 노숙을 지속하는 것은 ○○○님의 책임입니다" 등의 나눔 활동에서는 변화 선택의 문제에서 완전한 자발성을 인정하되 어떤 전제 조건도 배제해야 한다. 이런 태도는 상대방의 마음에 대한 완전한 인정이다. 이것은 상대방이 처한 상황에 대한 편견, 선입견, 무시, 포기 등을 배제한 상태다. 좀처럼 변화하지 않는 상대방을 답답해하며 옳고 그름의 잣대로 대하면 상대방의 동기를 이해할 수 없을 뿐만 아니라 조언하고 충고하며 판단하게 되어 오히려 부담을 준다. 이렇게 생긴 채무감은 변화의 힘을 잃게 만든다. 겉으로 드러난 채무감 때문에 만날 때마다 죄책감에 시달린다. 어느 순간 관계를 끊고 싶어도 활동 규칙을 지켜야 한다는 부담이 생겨 속으로 삭이며 불편한 마음까지 생긴다. 그런 감정은 변화하는 데 도움이 되지 못한다.

누군가의 변화를 돕는 일은 '옳고 그름의 문제'가 아니라 의미의 문제다. 그것이 의미가 있는지 유발자는 의미의 의지가 있는지를 선택해야 한다. 의미가 있다면 상대방에 대한 옳고 그름의 선입견을 배제한 채 지속성을 염두에 둬야 한다. 그러므로 주변을 둘러보거나 누군가에게 물어볼 필요도 없다. 자신이 결정할 일이다. 유발자로서 이런 마음이 변화의 수레바퀴 안에서 맴도는 상대방에게도 그대로 전달되어야 한다. 조건이 충족되면 할 수 있는 일은 거래에 불과하다.

그의 한걸음 뒤에서 돕기

 한 학생이 친구들 앞에서 무릎을 꿇고 벌을 받고 있었다. 벌을 받던 학생은 소변을 참지 못하고 바지에 실례를 하고 말았다. 친구들 앞에서 오줌을 지린 걸 들킨다면 큰 망신이었다. 그때 이를 눈치챈 선생님이 물을 떠와 학생의 머리에 부으며 말했다. "이 녀석, 똑바로 못해?" 선생님의 이 한마디는 평생 못 잊을 배려일 것이다.

 상대방의 아픔이 옳고 그름의 문제가 아니라는 사실을 이해한다면 관계의 물꼬를 튼 셈이다. 이때 주의할 점은 상호 거리 설정이다. 특히 강연, 교육, 코칭, 상담 현장에서 주의할 점은 일방적으로 앞에서 끌어가는 관계다. 이것은 대상자의 자발성을 끌어내지 못하는 문제가 있다. 하지만 여전한 우리 교육 현장의 모습이다. 또 하나는 따라가기다. 따라가기는 이끌기의 또 다른 버전이다. 이것은 Client(클라이언트: 이하 C)의 입장에서 수동적인 모습이다. C의 변화를 도와주려고 동기 면담에서 적용하는 관계는 안내하기다. 이때 위치는 그의 한걸음 뒤에서 안내하기다. 이런 태도는 '내가 당신의 변화를 돕고 있다. 하지만 당신이 주인공이다. 하지만 항상 내가 함께 한다'라는 거리 관계다. 상처를 표현하고 그 아픔을 충분히 이해받았더라도 당사자는 끊임없이 양가 감정에 시달린다. 오랜 세월 마음 깊이 자리잡은 습관이 몸과 마음을 사로잡아 일상에 체화되었기 때문이다.

변화를 향해 발걸음을 내딛고 싶어도 매 순간 두려움과 불안감이 솟아난다. 이때 한걸음 뒤에서 그의 불일치감을 나눠주면 마음을 다잡을 수 있다. 모처럼 결단한 행동이 일상 삶 속에서 지속되려면 그의 한걸음 뒤에서 지속적으로 질문하고 격려하며 그의 결단 행동이 흔들리지 않도록 촉진하는 노력이 필요하다. 그렇게 지치지 않는 사람이 있을 때 비로소 상대방은 변화의 산을 넘을 수 있다.

'고맙습니다. 감사합니다. 사랑합니다' 김하종 신부님은 이 세 마디 이상을 하지 않는다. "거리를 방황하던 친구들이 포기하지 않고 희망을 갖도록 밥을 주는 것이 예수님의 사랑이라고 생각했기 때문이다"라고 말한다.

C의 한걸음 뒤에서 현재 상황과 미래에 대한 희망의 불일치감을 느낄 때 변화의 동기가 증진된다. 이 불일치감은 C의 문제 행동이 개인적, 가족관계적, 지역사회의 부정적 결과를 낳는다는 사실을 감지함으로써 더 두드러진다. C의 불일치감을 느끼게 하는 작업은 스스로 알아채게 해야 한다. 하지만 면밀히 관찰하며 경청해 알아낸 정보를 적절히 반영하면 C는 부조화를 선명하게 볼 수 있다. C 자신의 중요한 목표, 건강, 행복한 결혼생활, 경제적 성공 등이 현재의 행동 양상으로 인해 어떻게 손상되고 있는지 스스로 탐색하게 도와줄 수 있다. 그렇게 하려면 C의 가치관, 지역사회, 가족, 교회와의 관계를 주의 깊이 경청해야 한다. C가 자기 행동이 주변에 미치는 부정적 영향을 염려한다면 이런 염려를 더 두드러지게 한다. 면담자는 C 스스로 불일치감을 느끼고 자신의 불일치감을 인정하게 도와준다. 불일치감을 느끼게 도와주는 유용한 전략이 '콜롬보 전략'(Kanfer & Schefft, 1998)이다. 즉, 면담자가 C의 문제를 지속적으로 이

해하고 그 문제를 명료화하지만 겉으로는 아무 해결책도 찾을 수 없다는 것을 보여줘야 한다. 불확실성을 궁금해하며 걱정스러워하는 면담자의 태도는 C에게 그 상황을 통제할 동기를 주고 내담자 스스로 해결책을 찾아내도록 도와줄 수 있다(Van Bilsen, 1991).

그의 한걸음 뒤에서 바라보면 C가 하는 말과 행동의 불일치를 객관적으로 바라볼 수 있다. 이때 신체적인 것부터 영적인 것까지 태도부터 행동까지 느끼게 도와줄 수 있다. 예를 들어 중독 행동이 C의 개인적 정체감과 가치관에 갈등이 생기는지, 지역사회 가치관과 갈등이 생기는지, 영적·신앙적 가치관과 갈등이 생기는지, 가족적 가치관과 갈등이 생기는지를 이해할 수 있다. 이때 C가 가족, 종교 모임, 지역사회 관계에 중요성을 부여하는 것과 그가 보이는 행동을 대조적으로 보여줌으로써 불일치감이 명료해질 수 있다. 이때 주의할 점은 상대방을 도와주고 싶은 마음에 그를 앞에서 이끌어가거나 완벽한 변화를 끌어내려고 의욕을 앞세우면 면담자는 물론 내담자도 지칠 수 있다는 것이다.

매 순간 마주치는 불일치된 행동에 쉬지 않고 추진할 방법 중 하나는 사라 엘리자베스 루이스의 '근접 성공' 개념이다. 이는 불일치감의 차원에서 좋은 본보기가 되는 개념이며 때로는 저평가가 삶에 더 큰 자극을 줄 수 있다는 것을 알려주는 개념이다. 그녀는 세상과 타인의 편견을 '성공의 훌륭한 연료'로 활용한 좋은 본보기를 보여줬다. 그녀는 '성공은 완주가 아니라 추구하는 것'이며 목표를 달성했을 때 짜릿한 쾌감을 느낀다고 말한다. 그녀는 이 쾌감이 허탈감으로 바뀌곤 하는데 우리가 강력하고 창조적인 영감을 발휘할 때는 '추구할 때'라고 한다. 경험에서 배우고 추구를 멈추지 않는 한 우리에게 실패는 없다며 '끊임없는 추구의 힘'을 강조했다.

그녀는 인생에서 진정한 성공은 돌파가 아니라 영원한 추구를 목표로 하는 것이라고 말한다. 정확한 불일치감을 인식했을 때 통찰을 준다. 그녀는 '목표 달성 직전에 추진력'을 얻는 방법으로 '성공'이라는 흔한 말보다 '근접 성공'이라는 용어를 사용했다. '가장 기억에 남는 패배', '너무 분하고 억울해 밤잠을 설쳤던 패배'를 그녀는 근접 성공이라고 불렀다.

활동 속에서 "당신이 행복했던 기억은 무엇인가요? 그런데 지금 당신의 행복은 어디 있나요?"라고 물어보면 현재의 불일치된 행동을 표현할 수 있다. 불일치된 행동으로 인해 불편함을 표현할 때 어떻게 현재의 불편함을 감당하고 있는지, 어떤 모습으로 그 불편함을 회피하고 있는지, 현재의 마음은 어떤지 천천히 물어주면 현재의 행동에서 여러 불일치감을 스스로 발견할 수 있다. 노숙인이 그 불편함을 피하려고 선택한 길이 노숙이었다. 따라서 불편함을 피하려고 선택한 길에 더 큰 불편함이 도사리고 있다는 사실을 스스로 발견할 수 있게 해줘야 한다. 불편함을 피하는 태도는 '애써 외면하기, 될 대로 되라는 식으로 포기하기, 침묵하기, 술마시고 잊기, 담배 연기에 날려 보내기, 불끈 화내기, 핑계대기' 등의 모습으로 나타난다. 이때 누군가가 앞에서 올바른 충고를 해주거나 좋은 정보를 제공하며 희망적인 말을 전해줘도 '백약이 무효'다. 오히려 C의 한걸음 뒤로 조용히 물러나는 것이 도움이 될 수 있다. 그의 한걸음 뒤에서 기다려주는 태도는 불일치감을 경험한 상대방에게 안정감을 줄 수 있다.

'내가 여기 있어요. 하지만 당신이 보이지 않는 곳이에요. 당신은 당신의 길을 가세요. 어느 날 문득 숯불 같은 상처가 돋아나 가던 길을 멈추거나 포기하고 싶을 때 돌아보세요. 오늘처럼요. 그럼 내가 거기 기다리고 있을 거예요. 당신을 궁금해하며. 나는 항상 당신 한걸음 뒤에서 함께 걸어가고 있을 테니까.' 한걸음 뒤에서 안내하는 마음은 이런 마음이다. 그의 한걸음 뒤에서 도와주려는 것은 상대방에 대한 깊은 애정이 있을 때 가능한 태도다. 이렇게 슬쩍 표나지 않게 인정하는 마음은 상대방으로 하여금 신뢰감과 함께 마음의 안정을 찾는 데 도움이 될 것이다.

"당신의 변화를 돕고 싶어요. 하지만 당신이 변할 수 있을지는 잘 모르겠어요. 혹시 변화의 언덕을 넘어 다른 세상에 도달한다면 날 찾지 마세요. 당신이 변화된 모습이 기쁘다면 당신도 누군가에게 찾고 싶은 사람, 고마운 사람이 되어주세요. 그리고 그에게도 말해주세요. 누군가가 당신처럼 기쁨을 느낄 수 있게 도와주세요. 당신이 느낀 것처럼" 그의 한걸음 뒤에서 조용히 걱정해주자. 그는 나름대로 다 계획이 있다. 방법을 깨닫지 못할 만큼 아팠기 때문이다.

6

상대방의 지향점 부추기기

집을 떠나 1년 정도 노숙생활을 하면 직업인으로서 노숙생활의 모습이 보인다. 불편함을 감당하기도 귀찮고 상처를 준 사람들을 다시 만나기도 엄두가 안 난다. 다양한 사회복지제도가 있더라도 몸에 밴 무기력과 게으름 때문에 손에 쥐기 전까지는 활용할 엄두를 못 낸다. 무료급식 시설을 제외하면 구직 노력을 하거나 무료 상담소에 찾아가 상담 요청을 하거나 심지어 코로나19 등으로 지원되는 재난지원금 등도 간단한 신청 절차를 거치는 수고조차 귀찮아 한다. 따라서 위급한 상황이 닥치기 전에는 스스로 도움을 요청하기 쉽지 않다.

"저는 여기가 좋아요. 먹여주고 재워주잖아요"
"이곳이 마음에 드시는군요"

"집은 생각만 해도 끔찍해요"

"끔찍하시군요"

"가족이나 친구, 아니 인간들은 믿을 게 못 돼요"

"사람에게 실망하셨군요"

위와 같은 단순 반영에 머물다 보면 내담자는 물론 상담자도 지칠 수 있다. 결국 '나는 괜찮으니까 그만 신경쓰세요'라는 짜증 섞인 반발심만 생긴다. 노숙인과 프로그램을 진행하다 보면 그런 상황에 종종 부딪힌다. 이때 놓치지 말아야 할 부분이 바로 상대방의 지향점이다. 그의 모든 언어적, 비언어적 행동은 나름대로 이유가 있으며 그들만의 선한 목표가 있다. 이때 필요한 것은 상대방이 지향점을 찾도록 하거나 양가 감정을 탐색하는 질문, 변화 동기를 유발하는 질문이다.

"저는 여기가 좋아요. 먹여주고 재워주잖아요"

"네. 하지만 선생님은 작지만 내 집에서 자유롭게 살고 싶다고 하셨어요. 어떠세요?"

"집은 생각만 해도 끔찍해요"

"선생님은 집이 끔찍하다고 하면서도 고향 얘기를 많이

하셨어요. 어떤 마음이신지 궁금하네요"

"가족이나 친구, 아니 인간들은 믿을 게 못 돼요"

"그렇게 말씀하시지만 선생님은 가족 사진을 보여주셨고 몇 번이나 친구 얘기를 하셨어요. 어떠세요?"

변화를 유발하려면 상대방이 원하는 지향점, 즉 변화 목표를 지속적으로 부추겨야 한다. 지향점을 놓치면 위로와 격려는 받지만 항상 제자리만 맴돈다. 이때 면담자는 지칠 수 있고 답답한 마음을 다스리지 못하면 따뜻하지만 무기력한 전사가 되기 쉽다.

"이런 말 하기는 이상하지만 저는 여기가 편해요. 여기서 쫓겨나거나 3년 만기가 되어 나가야 할 상황이 걱정돼

요. 이곳 시설에서 알선해주는 일도 마음에 들고 항상 성실히 규칙을 지키고 있어요. 자립해야 할 이유를 모르겠어요. 그 지겨운 사람들 속으로 왜 갑니까?" 이처럼 변화의 목표를 잃은 모습을 보일 때도 지속적으로 지향점을 부추기면 변화를 도와줄 수 있다.

"자립을 지겨운 사람들 속으로 가는 것으로 생각하시네요?"
"선생님은 지속적으로 살아갈 방법을 선택할 수 있어요"
"불편함이 없으신데 이곳에 머물 수 있는 기한이 한정되어 걱정이시군요"
"여기도 괜찮은데 자립을 안내하는 프로그램이 불편하시군요"
"선생님이 지금 생활하는 것 중 잘하고 있는 것과 잘하지 못하는 것을 말씀해 주세요"

사람은 궁극적으로 더 좋은 삶과 심리적 건강을 위해 선한 목표를 추구한다. '나름대로 선한 목표'를 달성하려는 노력은 누구에게나 내면에 잠재되어 있다. 노숙인은 물론 범죄자도 나름대로 '선한 목표'가 있으므로 이 목표를 달성하려는 시도를 자세히 관찰하면 그의 지향점을 부추기는 데 도움이 될 수 있다. 이와 관련해 범죄자에게 좋은 삶의 모델을 제공한 학자가 있다.

성범죄자 재활이론으로 뉴질랜드 웰링턴대 임상학 교수이자 임상훈련 디렉터인 토니 워드(Tony Ward)는 '좋은 삶 모양(GLM: Good Life Model)'을 제시했다. GLM의 중요한 전제는 범죄자는 자신의 삶 속에서 중요한 것을 획득할 능력과 기회의 결여 때문에 범죄를 저지른다는 것이다 (Ward&Ganon, 2006; Ward&Maruna, 2007; Ward&Steward, 2003). GLM은 본질적 가치관을 중시하는 재활이론이다. 그 가치관은 두 가지 주요 요소로 구성된다.

첫째, 개인의 목표와 목적, 목표와 범죄 행동 관계의 중요성, 둘째, 범죄를 감소시키는 동시에 이 내담자들의 욕구를 충족시키는 것이 치료가 맞춰야 할 초점이다. 범죄자 치료에서 GLM은 긍정심리학적 접근을 취한다. 이론의 중요한 토대는 범죄자들도 다른 사람들처럼 목표지향적이며 일상 속에서 특정 경험, 결과, 상태를 추구한다는 것이다. GLM에서는 이 목표를 1차적 인간의 선한 목표라고 부른다.

토니 워드에 의하면 범죄자와 일반인의 차이점은 범죄자는 종종 이와 같은 개인적 욕구를 충족시키기 위해 타인에게 가해 행동을 한다는 점이다. 즉, 범죄자의 목표는 중요하고 가치가 있지만 방법이 문제라는 것이다. GLM을 추구하는 치료 방법은 그들이 더 선한 삶을 살도록 명백하게 구조화해 제시한다. 이 분야 연구에서는 적어도 다음과 같은 유형의 1차적 선한 욕구를 획득하려고 노력한다고 한다.

정리하면 일이나 직업 찾아 성공하기, 지식을 통한 세상 정보로 세상 이해하기, 놀이, 즉 취미나 스포츠 생활하기, 자기 충족감을 느끼는 활동에 참여하는 자립하기, 평정심을 유지하는 내적 평화, 삶의 의미와 목적을 찾는 영성, 삶에 만족감을 느끼는 행복, 삶에서 새로움을 추구하는 창조성 등으로 자신을 다스린 후 타인과의 친밀하고 낭만적인 관계성 유지, 공통 관심사를 나누는 공동체 의식 등이다.

지향점 부추기기는 목표 부여와는 다르다. 목표 부여는 외적 자극을 통해 내담자가 변화를 도와줄 수도 있지만 목표를 향한 시도를 지속하려면 외적 동기가 내적 동기로 자연스럽게 전환되어야 한다. 이때 내담자만의 강점, 자원, 이미 시도해본 경험 등을 재탐색하도록 도와줌으로써 내담자가 자신의 목표를 주도적으로 찾아가게 해줘야 한다. 즉, 변화해야 할 상대방에게 자극의 의미를 부여하고 가치를 형성해 미래로 나아갈 수 있는 자기실현적 존재라는 것을 믿어줄 때 가능하다. 상대방의 지향점을 부추기기보다 면담자의 생각을 표현한 사례는 다음과 같다.

내담자 : 이번에 시설센터 근처에서 동생과 만나기로 했어요. 10주 동안 금주했는데 동생을 만나면 여러 감정이 생길 것 같아요. 술을 안 마실 수 있을지 모르겠어요.

면담자 : 지금이 고비일 수 있으니 술을 안 파는 센터로 오시라고 하거나 더 나중에 만나는 게 어때요? 혹시라도 감정이 올라오면 당장 만남을 끝내고 복귀하세요. 이 고비를 놓치면 지금까지 한 노력이 수포가 될 수 있어요. 그동안 술 때문에 잃은 것을 생각해 보세요.

이런 면담은 내담자에게 지시하고 이끌어가는 모습이다. 해결 방법을 성급히 제시하는 이런 접근은 내담자의 반발심을 부를 수 있다. 지향점을 부추기려면 면담자는 "동생과의 만남에서도 금주를 계속 유지하려는 마음이시네요?"라는 식으로 지향점을 읽어줌으로써 금주를 계속하도록 부추길 수 있다. 내담자가 술을 마실 수 있는 상황에서 벗어날 방법을 스스로 찾도록 부추긴다.

"당신처럼 따뜻한 사람을 본 적이 없어요. 당신은 어떤 사람인가요? 당신을 떠나고 싶지 않네요" 등의 의존성이 생기기 시작했다면 상대방의 지향점을 부추길 타이밍을 놓치기 쉽다. 내담자로서는 이 사람은 어떤 것도 이해해준다는 마음 때문에 면담자에게 의존할 수 있다. 이때 면담자는 내담자의 지향점을 부추겨 그가 면담자에게 의존하거나 다른 이유를 대며 안주하려는 마음을 바꾸도록 도와야 한다.

사람에게서 치이면 마음의 아킬레스에 손상이 간다. 이때 필요한 것은 마음을 공감해주고 불편함을 읽어주고 함께 울어주고 북돋아주는 사람이다. 하지만 이때 사람의 위로와 격려가 각자의 삶의 지향점으로 나아가는 추진력이 되지 못하고 안주하는 빌미가 되면 곤란하다. 세상 위협으로부터 자신이 안전하다고 느끼는 곳, 힘을 모을 수 있는 곳이 각자의 지향점으로 나아갈 베이스캠프가 되도록 도와줘야 할 것이다.

7

질문의 꽃 모아 프러포즈하기

　어떤 상처도 경험이 될 수 있다. 상처가 경험이 되고 삶의 양식이 되려면 그릇이 필요하다. 책쓰기 힐링캠프를 진행하면서 책의 주제를 정하는 방법을 의논한 적이 있다. 과거의 상처로 인한 미해결 과제, 예측할 수 없는 미래, 자신의 노력만으로 해소할 수 없는 삶의 결핍을 객관적으로 돌아보고 성찰하는 방법 중 하나는 읽고 쓰기다.

　성장하면서 겪은 수많은 사건을 되돌아보고 성찰하는 과정을 거치지 않고 살아가다 보면 경험은 흙처럼 흩어져 삶의 방향을 찾기가 쉽지 않다. 수많은 경험을 기록하고 정리하고 성찰 과정을 모아 책으로 엮는 것은 흙에 물을 붓고 반죽해 뜨거운 불에 구워 그릇을 만드는 것과 같다. 찬물과 뜨거운 물에 으깨지고 이리저리 치대며 엉킴과 풀림을 반복하다가 뜨거운 불에 심장까지 녹아드는 고통을 견딜 용기가 없다면 평생 흙 신세를 면하기 어렵다.

책쓰기는 그런 식의 기도와 인내가 필요한 작업이라는 메시지를 전했다. 그러자 40여 년 동안 공직생활을 하다가 정년퇴직한 분이 이렇게 말했다. "그동안 수많은 행사를 치르고 민원인을 만나 에피소드와 우여곡절도 많았는데 그걸 다 길에 깔아뒀나 봐요. 흙처럼. 크고 작은 종지라도 만들어 두었다면 좋았을 텐데. 마음속에 숨겨둔 이야기를 일기로 써두었는데 몇 번 이사하면서 모두 버렸죠. 모두 버리고 이제 가볍게 살 수 있는 나이가 되었는데 내 마음을 담을 그릇이 없네요. 흙을 모아 그릇을 만들어 두었으면 지금 이 마음이 이렇게 허하지는 않을 텐데…"

꽃은 저마다 아름다움이 있다. 그 다양한 꽃을 모아 프러포즈한다면 일생의 반려자를 만날 수 있다. "저는 당신의 순수함과 멈추지 않는 열정이 좋아요. 당신과 남은 인생을 함께하고 싶습니다. 저와 결혼해 주세요"라며 건네는 프러포즈는 일생일대의 사건이 된다. 여기서 전제는 '마음을 담은 제대로 된' 프러포즈다. 변화를 도울 때 열린 질문과 반영하기를 통해 '쿵짝쿵짝' 춤추다가 어느 순간 꽃을 건네며 프러포즈한다면 파트너는 그동안의 만남이 정리된 느낌을 받을 것이다.

C가 방황하며 경험한 이야기를 골라 그의 감정을 흔든 지점을 짚어 돌려주면 C는 미처 깨닫지 못한 감정을 다잡을 수 있다. C가 그동안 시도한 여러 경험과 중요한 선택, 양가감정 등을 주의 깊게 듣고 선별적으로 정리해 꽃을 모아 부케를 전하듯 간결하게 전해주면 그는 방향을 잡을 수 있다.

"C 님은 사람들과의 단체생활 경험이 없어서 직장생활을 하는 데 어려움이 있으시고요. 무슨 일이든지 꾸준히 못 하고 포기하는 게 문제라는 걸 아시고요. 조금만 불편해도 될 대로 되라는 자포자기 심정이 되어 여기(노숙인 거주시설)까지 오게 되었어요. 시설에서 몇 가지 준비를 하고 계시는데 어떠신가요?"

"C 님은 가족을 다시는 만나고 싶지 않다고 하셨는데 명절 때는 부모님을 먼발치서나마 보고 오셨어요. 시설에 머무시는 모습을 부모님께 알리고 싶지 않고요. 가족에 대한 생각이 바뀌신 것 같은데 어떠세요?"

"C 님은 따님을 보고 싶은 마음이 크지만 지금 방황하는 모습을 보여주고 싶지 않아 시설에서 버티고 있지만 답답한 규칙을 지키고 싶지 않아 걱정이시네요. 어떻게 하고 싶으세요?"

C가 대화를 단절하려고 하거나 양가 감정을 드러내거나 대화의 방향을 바꾸고 싶을 때 프러포즈는 유용하다. 몇 번의 사업 실패로 좌절감에 자살을 시도한 경험이 있는 사람에게 이렇게 말했다. "하는 일마다 뜻대로 되지 않아 힘드시네요. 자살을 시도할 만큼 절망적이셨어요. 하지만 지금은 재기를 준비하시고요. 어떠세요?"

7. 질문의 꽃 모아 프러포즈하기

이 말이 스치는 바람이라면 마음은 더 스산해지고 기운이 빠질 것이다. 하지만 이 말이 송곳이라면 지치고 힘든 상처의 고름을 찌르는 바늘이라면 그때부터 통증은 완화될 것이다. 완화된 통증에 약을 바르듯 이해하고 그가 필요할 때마다 항상 한걸음 뒤에서 불현듯 나타나 그가 가고 싶은 곳이 어디인지, 어떻게 살아가는 것이 기쁜지 독려하며 애쓰는 그를 격려하고 버텨준다면 어떨까? 그런 후 "당신은 포기하지 않는 사람이군요", "당신은 어려운 일을 해내는군요", "당신은 참 따뜻한 사람이군요", "당신에게 상처는 경험이군요", "그래서 당신은 그토록 버텨내셨군요", "그래서 당신은 사람들과 나누고 싶군요", "당신은 줄 수 있는 사람이군요"라는 격려의 소나기를 맞았다면 어땠을까?

극심한 가난으로 배움의 열망을 충족하지 못한 K 씨는 가족에게 뭔가 보여주고 싶었다. 하지만 의욕만 앞서 시작한 일은 번번이 실패했다. 실패를 반복하는 자신을 단죄하려고 가족과 연락을 끊고 원양어선을 탔다. 실패를 반복하는 자신은 어떤 방법으로든 대가를 치러야 한다는 생각이었다. 수입은 고스란히 어머니에게 부쳤다. 수년 동안 원양어선을 타면서 알코올 중독에 빠졌다. 육지로 돌아와서도 자신에 대한 분노는 풀리지 않았다. K 씨는 내장이 드러날 만큼 큰 교통사고를 냈다. "K 님은 자신에게 화가 나셨군요. 나무를 들이받고도 화가 풀리지 않을 만큼. 이제 어떡하실 생각이세요?" K 씨는 자신에게 화가 났다는 말에 표정이 풀렸다. 그 후 K 씨는 "앞으로 형수에게도 연락하고 더 많이 웃고 내가 찾아가볼 거에요. 내가 이런 마음을 먹었다고 누군가 증인을 서줬으면 좋겠어요"라고 말했다. K 씨는 살아오면서 아무에게도 하지 않았던 '속내'라며 사연을 털어놓았다.

"C 님은 가족 얘기를 하셨어요. 부모님을 일찍 여의고 누나 집에서 살았지만 누나의 결혼생활이 순탄치 못했다고 하셨어요. 누나에게 맡긴 돈을 받지 못했고 오히려 화를 내는 누나에게 크게 실망하셨어요. 집을 떠난 후 어떠셨는지 말씀해주세요"

"제가 제대로 이해했는지 볼까요? C 님은 아직 젊지만 같은 일을 오래 해내지 못 한다는 걸 아시고요. 술을 마시면 통제할 수 없이 돈을 헤프게 쓰고요. 안정된 일을 하고 싶은 계획을 세우고 계신데 어떻게 생각하세요?"

"C 님은 매우 솔직한 말씀을 해주셨어요. 시설에서 우선 계속 버티는 게 중요하고요. 누나의 도움을 받는 게 미안해 용돈을 스스로 벌고 있고요. 적은 월급이지만 아껴쓰며 미래를 계획하시는 것 같아요. 어떠세요?"

내담자는 지향점을 찾으면 마음이 분주해진다. 분노와 불안이 엄습하면 억울한 감정이 한꺼번에 몰려오기 때문이다. 두세 가지 감정을 한꺼번에 쏟아내다 보면 자신도 무슨 말을 하고 있는지 초점을 잃을 수 있다. 이때 "그래서 C 님

의 말씀의 요지는…"이라며 두세 가지 이상의 감정을 묶어 전해주면 자신의 지향점을 다잡는 데 도움이 될 수 있다. 상대방의 긍정적 속성, 이전 면담에서 했던 말을 기억해내 지금의 말을 이어주기, 중요한 것을 이끌어내 새로운 주제로 옮겨 분위기를 전환하는 방법으로 프러포즈하면 어떨까? "○○○님은 어떤 방법이 있을지 고민했고 알코올 집단에 참여해 일상에서 껌이나 은단, 운동을 하며 금주 노력을 했군요. 다른 모습으로 살고 싶으시네요. 지금 마음이 어떠세요?"

사람의 변화를 돕는 일은 끊임없는 프러포즈의 연속이다. 상대방이 부케를 받았더라도 그의 향후 행방을 캐묻거나 미리 앞서가는 우를 범하면 거부감을 느낀다. 누군들 남이 자신의 인생에 간섭하는 것을 달가워하겠는가? 누군들 자신의 한걸음 뒤에서 자신을 드러내지 않으며 "당신, 힘드셨네요. 그런데도 포기하지 않고 크고 작은 일을 해내셨고요. 당신은 여전히 시도하고 계시네요. 마음이 어떠세요?"라는 프러포즈를 거절하겠는가?

Chapter 4

닦아 비추기

'변화를 돕는 의사소통 카드' 활동

1

카드 매체의 활용

카드 매체는 비자발적 참여자의 흥미와 동기를 유발하고 특정 단어나 표현이 지시하는 바를 쉽고 구체적으로 전달한다. 이런 카드의 활용은 상담자와 내담자의 상호 의사소통 기능을 촉진한다(권옥자, 유혜숙, 배인자, 윤애희, 1994; 권헌숙, 2015; 김연진, 2003; 예명희, 2017).

치료적 매체는 미술, 음악, 동작, 연극, 문학 매체를 포함하지만 실질적으로 상담 및 치료에서 사용되는 모든 매체를 말한다. 매체에는 인형, 모래, 돌, 나무토막 등의 유형 매체는 물론 동작이나 자장가 등의 무형 매체도 포함하는데 이 매체는 상담 및 심리치료 과정에서 내담자의 내적 경험을 오감을 통해 보고 듣고 느끼고 만질 수 있게 구체화해 표현하는 것을 돕는다. 여러 매체 중 카드 매체는 휴대하기 간편하고 사용하기도 쉬워 카드를 활용한 활동은 여러 장면에서 유용하게 활용되고 있다.

카드 매체 중 가장 빈번히 활용되는 직업카드는 카드 활동을 통해 상대방의 저항을 줄이며 자연스럽게 스스로 내면을 탐색해 참여하도록 돕는다(김연진, 2003). 이에 따라 카드라는 매체가 내담자가 문제 상황에 대한 각성을 돕고 자연스럽게 내면적 접촉을 활성화해 표현을 촉진하는 역할

을 한다는 것을 알 수 있다. 이런 카드의 유용성에 비춰 공감 대화 카드, 그로그 카드, 감정 카드, 감정 단어 카드, CAKE(Close up, Attract, Kiss, Eye contact) 의사소통 카드 등이 공감 훈련 및 의사소통 훈련에 활용되고 있다(예명희, 2017).

카드 유형 중 의사소통 카드와 밀접한 관련이 있는 공감 대화 카드는 Storm과 Storm(1987)의 감정 단어 5개 군집 분류(분노, 혐오, 슬픔, 두려움, 기쁨)를 참고해 많이 쓰는 67개 감정 단어를 선별해 만든 것으로 초등 상담나무 연구회에서 개발한 카드다(김윤태, 2013). 이 카드는 공감 능력 향상을 위해 만든 공감 카드와 인간의 공통 욕구를 대화식으로 표현하고 말하며 익히도록 개발한 바람 카드로 구성되어 있다. 공감 대화 카드는 내면의 욕구를 표출하는 방법을 배우도록 고안되었다. 이밖에 내담자의 정서 개발을 돕기 위해 활용되는 감정 단어 카드, 비폭력 대화 프로그램에서 활용되는 그로그 카드 등은 의사소통 훈련에서 카드의 활용이 공감에 유용하다는 것을 보여준다(권헌숙, 2015).

밀러(Miller), 바카(Baca), 매튜스(Matthews)와 월봄

(Wilboume, 2001)은 사람들이 자신의 중심 가치를 명확히 하고 일상생활에서 반영하도록 가치 카드를 개발했다. 이 카드를 기반으로 고안된 '변화를 돕는 의사소통 카드'는 각종 면담 장면에서 동기 면담을 전파하는 치료 매체의 하나로 제작되었다. 의사소통 카드는 비자발적 대상자와의 관계 형성에 도움이 될 뿐만 아니라 일상생활에서도 자연스럽게 의사소통 기술을 익히고 자기 생각을 표현하도록 도와주는 도구다. 가치 카드를 이용한 연구로는 진로, 직업, 명화가 있는 가치 카드 등이 있으며 주로 학생들의 진로 직업 탐색 도구로 활용되었다(강진령, 이현정, 2005; 김리아, 2012; 문승규, 2017).

카드라는 매체는 관계 형성이 쉽지 않은 노숙인과도 시간이나 장소의 구애를 받지 않고 자연스럽게 소통하게 해준다. 또한 소통 과정에서 상대방의 내면을 탐색하거나 현재의 행동을 촉발한 동기 요인 탐색 등 다양한 용도로 활용할 수 있다. 나아가 카드를 활용한 활동은 일반인 대상으로 불편한 부부관계나 사춘기 청소년, 대학생의 의사소통 능력 향상을 통한 관계 개선에도 효과적으로 활용할 수 있다(권옥자, 유혜숙, 배인자, 윤애희, 1994; 권헌숙, 2015; 김연진, 2003;

예명희, 2017).

　카드 활동에서 체득한 의사소통 방법을 일상에서 자연스럽게 실천하도록 돕는다는 점에서 변화를 위한 활동효과를 지속하는 데도 유익하다. 본 활동에서는 시설거주 노숙인이 흥미를 느끼고 활동에 참여하고 원만한 관계 형성에 도움이 될 수 있는 장치로 '변화를 돕는 의사소통 카드'라는 매체가 사용되었다. 노숙인의 특성상 흥미와 호기심, 그들만의 삶의 가치에 대한 이해와 공감에 일상적인 면담이나 상담을 통한 접근은 한계가 있기 때문이다.

동기 면담을 적용한 의사소통 카드

 의사소통은 상호 감정이나 생각, 기대, 상황 등을 나누는 통로로 이를 통해 인간은 서로 이해하고 생각, 행동, 감정 변화를 일으킬 수 있다. 우리는 대화를 통해 각자의 경험을 나누며 서로 이해하고 공감하는 폭을 넓힐 수 있다. 이에 따라 의사소통 능력은 사회공동체 일원으로서의 생활이나 직업 적응에 필수 요건이라고 할 수 있다.

 의사소통 능력은 직업의 기초 능력으로 인지·정서적 공감 능력을 향상시켜 사회 적응력을 기르고 변화 동기를 유발하는 데 중요한 역할을 한다(박홍석, 고혜신, 2018). 특히 직업 적응은 조직의 특성을 이해하고 구성원 간 원활한 상호작용 능력이 중요한데 이때 필요한 것이 맥락에 대한 이해다. 맥락이 의미를 해석하는 방식, 의사소통 방식, 의사소통 참여 방식에 영향을 미치기 때문이다(나은미, 2015). 상대방과의 대화에서 소통 맥락을 이해하려면 의사소통 훈련이 필수다. 의사소통 훈련을 통해 타인과 소통하는 데 편해지면 타인과의 관계에서 어려움을 덜 느끼게 되어(이현석, 최은희, 황미영, 2009) 그렇지 않은 사람보다 대인관계에서 긍정적인 결과를 가져올 수 있다(권진희, 2011). 의사소통 능력이 높을수록 직무만족도도 유의미하게 높다(김도연, 2010; 이동규, 2012). 또한 인지·정서적 공감 능력은 의사소통 능력과 밀접한 관련이 있다. 인지·정서적 공감 능력과 관련해 지금까지 많은 연구에서 의사소통과 공감의 관계를 설명하고 있다(우수경, 서윤희, 2016; 지은주, 2014). 특히 공감은 의사소통의 주요 구성 요소로 인식되었다(최순이, 최해림, 2012).

의사소통 능력은 구성원 간 간격을 해소하고 그들의 활동을 조정, 통합시켜 주며(김은영, 2011) 구성원의 동기부여와 직무 만족에 영향을 미쳐 조직 구성원의 능력 발휘, 원활한 역할 수행, 조직의 이익과 목표 달성, 발전의 토대가 된다(박예린, 2007). 최숙기(2016)는 직장인이 직무를 잘 수행해 업무를 성공적으로 이끌기 위해서는 직무 수행과 관련된 의사소통 능력이 필요하다고 주장했다.

 노숙인 관련 의사소통의 중요한 부분은 인지·정서적 공감이다. 인지·정서적 공감 능력 중 인지적 공감 능력은 타인의 마음을 자신의 마음과 구분해 이미지화하는 능력으로 타인의 입장을 고려하는 능력이다(Blair, 2005; Feshbach, 1990). 정서적 공감 능력은 타인의 감정에 대한 민감한 관여와 타인의 감정을 경험할 수 있는 능력이다(Reiners 등, 2011). 따라서 인지·정서적 공감 능력은 듣고 말하는 능력 못지않게 필수적인 의사소통 능력으로 꼽힌다(장욱희, 이상호, 2009).

 메시지의 정서적 영향 중 65%가 비언어적 단서에서 나온다는 주장이 제기되었을 만큼 비언어적 의사소통 기술은 필수적이다. 따라서 비언어적 표현을 효과적으로 할 수 있는 능력과 다른 사람의 비언어적 행동을 읽고 반응하는 능력이 매우 중요하다고 할 수 있다(Burgoon, 1994; Riggio, 2006).

 의사소통 방식으로는 지시하기, 따라하기, 안내하기가

있다(Miller & Rollnick, 2002, 2013). 이 세 가지 소통방식 중 안내하기는 훌륭한 경청자 되기와 전문지식 제공하기가 결합된 방식이다. 동기 면담은 안내하기의 의사소통 방식을 취하는데 내담자에게 자신의 동기를 드러내지 않고 내담자의 동기에 집중하며 한걸음 뒤에서 따라가는 소통 방식이다. 지시하기가 전문지식과 기술을 가진 전문가로서 소통하는 방식이라면 따라하기는 경청하며 내담자의 관점을 듣고 어떤 지점에서 대화하든 따라가는 방식으로 인간중심적 상담에서 사용한다. 안내하기는 지시하기와 따라가기 사이에 위치해 전문가로서의 일방적인 지시를 지양하며 상대방의 동기에 집중하면서도 적극적 경청을 통해 내담자의 변화를 돕는 의사소통 방식이다. 안내하기 방식은 동기 면담 방식으로 정보 제공하기, 질문하기와 경청하기를 동일한 비율로 한다. 안내하기 방식에서 알아야 할 중요한 부분은 정보 제공하기가 경청하기와 질문하기만큼 중요한 역할을 한다는 것이다(Douaihy, Kelly & Gold, 2015).

동기 면담은 내담자 자신의 변화 동기와 변화 결단을 견고히 하도록 도와주는 협동적인 의사소통 스타일로 1983년 밀러가 알코올 중독 치료 경험을 바탕으로 처음 기술했다(Miller, 1983). 동기 면담은 인본주의 상담에 기초하므로 태도는 내담자 중심이며 면담자의 '의사소통 스타일'이 면담의 효과성을 결정한다. 또한 면담자의 권위와 힘으로 내담자의 변화를 주도하지 않는다는 것을 강조하므로 면담자와 내담자의 인격적 만남을 강조한다. 동기 면담은 내담자의 과거나 내적 갈등보다 구체적인 행동 변화에 초점을 맞춰 내담자의 언어나 생각 속에서 변화 대화를 끌어내는 것이 최종 목표라고 할 수 있다(Miller & Rollnick, 2002, 2013).

동기 면담의 주요 원리는 공감 표현하기, 불일치감 만들기, 저항과 함께 구르기, 자기효능감 지지하기 등이다(Miller & Rollnick, 2002, 2013). 공감 표현하기는 상황과 어려움을 이해하고 실천하는 것으로 적극적 경청을 통해 상대방의 말을 정확히 이해하는 것이다. 불일치감 만들기는 인생의 목표, 신념, 가치와 현재의 행동이 얼마나 일치하는지 스스로 이해하게 도와주는 접근 방법으로 내담자 스스로 자신이 변해야 하는 이유를 말로 표현하게 하는 것이다. 저항과 함께 구르기는 내담자가 자신의 행동을 정당화하고 저항할 때 논쟁하지 않고 스스로 해답을 찾게 도와준다. 자기효능감 지지하기는 개인의 장점과 자원 알아내기, 정보와 조언 제공하기 등을 통해 내담자의 자신감을 지지하는 것이다.

동기 면담의 원리에 기초한 핵심 기술로는 열린 질문하기, 인정하기, 반영하기, 요약하기가 있다. 열린 질문은 내담자가 생각과 의견을 말하도록 안내한다. 인정하기는 내담자의 긍정적인 행동을 칭찬해 존중과 배려를 표현하는 것이며 반영하기는 내담자의 공감적 관계를 유지하며 저항을 줄여 계속 이야기하도록 도와준다. 요약하기는 이미 언급한 내용의 중요한 점, 자원 등을 주의 깊게 듣고 선택적으로 정리해 간결하게 돌려주는 것으로 면담의 방향성을 제시하기도 한다(Miller & Rollnick, 2002, 2013).

이와 같이 동기 면담은 내담자의 핵심 목표와 가치를 향해 변화하도록 도와주는 대화 스타일이다. 개인이 가치 있게 생각하는 것이 무엇인지 이해하는 것은 변화 동기를 이끌어내는 데 유용하다. 하지만 가치관은 실제 행동과 괴리가 있는 것이 대부분이다. 특히 불안감이 높고 변화에 대한 자신감이 낮을수록 현재의 행동과 추구하는 가치의 괴리가 있는 것이 대부분이다. 이때 개인이 추구하는 삶의 가치를 경청하고 반영하기를 하면 이런 불일치감이 개인의 변화 동기를 부추길 수 있다. 따라서 가치에 대한 이해는 동기 면담에서 중요한 열쇠다(신수경, 조성희, 2016).

기대-가치이론(Vroom, 1964; Vroom & Jago, 1978)에 의하면 기대와 가치가 동기의 결정 요인이라고 가정한다. 이에 따르면 어떤 행동을 하는가는 그 행동을 통해 목표를 달성할 확률, 즉 기대와 목표에 부여하는 가치에 좌우된다. 목표가 매력적이고 달성할 수 있다고 생각할 때 목표를 달성하려는 행동을 한다. 반대로 아무리 노력해도 목표를 달성할 수 없거나 달성할 확률이 높더라도 그 목표가 전혀 가치가 없다면 아무 노력도 하지 않는다. 따라서 내담자의 핵심 목표와 가치관을 정확히 이해해야 그들의 변화를 도울 수 있다.

개인의 삶에서 '기대와 가치'는 개인의 동기, 선택, 의사결정과 직결되는데 이 과정에서 가치 탐색이 중요하다. 따라서 가치 탐색을 통해 현재의 가치를 알고 현재의 행동이 추구하는 가치와 걸맞는 행동인지 탐색해야 한다. 자신이 중시하는 가치와 현재의 행동 사이에 발생하는 불일치를 질문함으로써 변화 동기를 유발할 수 있다(신수경, 조성희,

2016).

　동기 면담에서는 열린 질문하기를 통한 가치 이끌어내기, 구조화된 방법을 통한 가치 이끌어내기를 하는데 이때 내담자의 인지 기능 수준에 맞는 언어를 사용한다. 내담자가 인생을 살면서 어떤 원칙과 기준을 내면화하고 있는지 알아보는 것이다. 이때 발생하는 양가 감정 때문에 모호하고 추상적인 답을 할 수도 있으므로 가치별 인정하기와 반영하기를 통해 더 상세하게 설명하기를 요청할 수 있는 열린 질문하기가 필요하다. 내담자의 가치를 알아내고 더 구체적으로 물어보고 반영하고 탐색하는 것은 관계 형성에 큰 도움을 줄 수 있으며 내담자의 긍정적인 가치를 인정함으로써 변화 동기를 촉진할 수 있다(Miller & Rollnick, 2002, 2013).

　가치를 탐색할 때 더 구조적이고 접근하기 쉬운 방법으로 고안된 것이 '변화를 돕는 의사소통 카드'다. 변화 대화를 유발하는 매체의 하나로 제작된 '변화를 돕는 의사소통 카드'는 밀러(Miller), 바카(Baca), 매튜스(Matthews)와 윌봄(Wilbourne, 2001)이 제작한 100가지 가치 카드에 기반해 개발되었다. 카드 활동의 기반이 된 동기 면담은 면담자가 가져야 할 필수적인 태도이자 마음가짐으로 협동, 동정, 수용, 유발의 정신을 기본으로 한다. 동기 면담에서 정신은 어떤 핵심기술보다 우선하고 더 중요하다.

개발자인 밀러(2020)는 가치 카드 개발의 취지를 다음과 같이 설명했다. "개인 가치 카드를 만드는 우리의 의도는 사람들이 인생에서 그들에게 가장 중요한 것을 고려하도록 돕는 것이었습니다. 그들에게 가장 중요한 것을 요구하는 것은 접근법입니다. 카드 정렬은 중요도에 따라 정렬할 수 있는 100개의 가능한 가치를 제공합니다"(저자 교신, 2020.5.16. wrmiller@unm.edu). 이 100개의 가치 카드는 공식적으로 카피와 수정이 허용된다. 가치 카드는 사람들이 자신의 중심 가치를 명확히 하고 일상생활에서 이 가치를 어떻게 반영할지 고려하는 것을 도와주는 활동으로 사람에 대한 이해를 강화하고 당사자의 생활 원칙의 많은 것을 안내해주도록 제작되었다.

동기 면담 의사소통 카드팀(2018)은 밀러(2001) 등이 개발한 100가지 가치 카드 중 65개를 선별해 '변화를 돕는 의사소통 카드'를 제작했다. '변화를 돕는 의사소통 카드'는 가치 카드 65개, 열린 질문 카드 65개로 구성되어 있다. 가치 카드의 앞면에는 65개 가치를 기재하고 각 가치에 따른 인정하기 문장을 카드 뒷면에 기재하고 열린 질문 카드 65개를 구성했다. 인정하기 문장을 통해 자신의 현재 모습을 성찰하고 현실적이고 구체적인 목표를 향해 갈 수 있도록 열린 질문을 제작했다.

열린 질문은 변화 단계에 따라 관계를 여는 질문, 탐색을 돕는 질문, 유발을 돕는 질문 3단계 카드로 구분했다. 관계를 여는 질문에서는 의사소통의 첫 단계로 관계 형성에 도움이 되는 질문으로 구성했다. 관계를 여는 질문을 통해 표출하지 못한 감정이나 생각을 표현하도록 구성했다. 관계를 여는 질문의 다음 단계로는 탐색을 돕는 질문으로 구성했다. 변화 목표를 향해 가는 데 '현재 어떤 변화 단계에 있는지', '변화의 걸림돌은 무엇인지', '그동안 시도한 경험은 무엇인지' 탐색하도록 구성했다. 다음으로 유발을 돕는 질문을 통해 변화 목표를 달성하는 데 도움이 되도록 자기효능감, 결심 수준, 준비도, 행동 실천의 구체적 계획 질문으로 구성했다.

변화를 향한 결단이나 행동 실천 준비를 시도할 경우 질문은 순서와 상관 없이 개인의 감정이나 표현에 따라 적절히 활용할 수 있다. '변화를 돕는 의사소통 카드'에서 활용하는 인정하기와 질문하기는 개인의 감정, 생각, 기대, 상황 등을 나눌 수 있는 기술로 이를 통해 개인이 자신을 이해하고 생각, 행동, 감정의 변화를 일으키는 데 도움이 되도록 구성했다.

종합하면 '변화를 돕는 의사소통 카드'는 다음과 같은 용도로 제작되었다. 첫째, 가치 찾기를 통해 자신이 소중히 여기는 삶의 목표를 탐색하게 한다. 둘째, 선택한 가치가 현

재의 삶과 관련해 어떤 의미가 있는지 생각할 수 있다. 셋째, 상대방에 대한 이해나 상호 차이를 알 기회가 된다. 넷째, 현재 소중히 여기는 가치와 실제 삶의 일치 또는 불일치되는 면을 탐색해 변화를 위해 지금 할 수 있는 것을 탐색할 수 있다. 다섯째, 내담자 자신이 선택한 가치의 중요성과 자신감을 나누며 현실의 삶에 적용할 수 있다. 여섯째, 동기 면담의 핵심기술인 열린 질문하기, 반영하기, 인정하기, 요약하기를 활용해 추상적인 개념을 더 구체적이고 명료하게 구조화해 동기 면담 과정을 촉진할 수 있다.

내적 가치와 현재 행동 간의 균형과 불균형 상태를 의사소통 카드를 통해 알 수 있도록 구성했다. 이와 같은 구성은 자존감이 매우 낮고 무기력한 노숙인에게 언어적, 비언어적 소통 방법을 모두 활용해 변화 동기를 유발하는 데 도움이 될 수 있다. 또한 노숙인의 심리 내적 변화 동기를 유발한다는 측면에서 비언어적 의사소통과 언어적 의사소통을 아우를 매개체로 활용할 수 있다.

3

'변화를 돕는 의사소통 카드' 활동 설계

'변화를 돕는 의사소통 카드' 활동은 노숙인의 환경과 일정에 맞게 구성해 노숙인에게 활용할 수 있도록 설계했다. 활동 내용 구성은 노숙인에게 적용할 수 있도록 동기 면담에 기반해 동기 면담의 정신, 기술, 변화 단계, 전략 등을 바탕으로 전개했다. '변화를 돕는 의사소통 카드' 활동 구성은 약물사범 치료 프로그램(김성이, 김은아, 2004)과 약물중독 치료 매트릭스 K 프로그램(법무부, 2011)을 바탕으로 노숙인에게 맞게 재구성해 설계했다.

이 활동은 기본 총 8회로 회당 활동시간은 90~120분이다. 활동은 동기 면담의 변화 단계에 맞게 관계 형성, 초점 맞추기, 유발하기, 계획하기 순서에 따랐다. 노숙인의 다양한 환경과 일정을 고려해 가능하면 지속적으로 참여할 수 있도록 재미와 흥미를 유발하고 활동 시작 후 도중에 참석하는 노숙인을 위해 다음과 같이 활동 근거를 체계화했다. 활동 기간 도중 참여하는 대상자에게는 자기소개 시간을 부여하고 시설에 입소한 동기와 감정을 표현할 때 기존 참여한 노숙인은 인정하기를 통해 활동에 긍정적인 기대를 하게 했다.

초기에 의사 표현을 어려워하는 대상자를 위해 질문 카드로 인터뷰하기, 다트로 가치 맞추기 등의 활동으로 흥미를 갖고 참여하게 했다. 세션이 진행되면서 참여자들이 발견한 가치를 세션별로 연결해 현재의 자기 모습을 반추하게 하고 지속적으로 참여하는 노숙인이 카드 활동에 계속 참여하는 이유와 유익했던 경험과 느낌을 구성원에게 표현하고 나눌 기회를 제공했다. 활동을 진행하면서 활동 내용을 동기 면담 의사소통 카드팀(2018)에게 알렸고 활동 결과의 검증을 요청했다.

동기 면담 의사소통 카드팀이 제시한 의견은 다음과 같다. 첫째, 활동의 타당성 확보를 위해 세션을 계속 가동하고 지속적으로 참여한 대상자의 참여 동기와 중간에 이탈하는 참여자의 동기를 탐색해 다음 활동에 적극 반영할 것. 둘째, 참여자의 알코올, 도박 등의 중독증상과 치료 경과를 활동 안에서 다룰 것. 셋째, 활동 안에서 동기 면담 정신이 어떤 방식으로 적용되는지 세션별로 기록해둘 것. 넷째, 가능하면 매 활동 경험에 대한 참여자의 피드백 내용을 포함해 녹음해둘 것 등이다.

활동은 노숙인의 현재 생활 속에서의 심리적, 사회적 경험을 탐색하고 변화 동기를 유발하도록 설계했다. 활동의 전체적인 흐름은 동기 면담 과정을 따라 구성했으며 세션별 활동은 독립적으로 각각 하도록 설계했다. 노숙인 각자가 심리적 외상 경험이 다르고 노숙을 시작한 계기와 과정, 탈노숙에 대한 인식수준 차가 커 지속적인 활동 참여가 어렵고 활동이 진행된 이후 도중에 세션에 참여할 수 있게 했다.

'변화를 돕는 의사소통 카드' 활동 내용

'변화를 돕는 의사소통 카드' 활동 내용은 관계 형성하기, 초점 맞추기, 유발하기, 계획하기 네 가지 동기 면담 과정에서 변화 동기를 탐색하도록 구성했다. 하지만 각 세션은 활동에 연속 참여한 대상자와 신규 진입한 대상자가 함께 활동에 참여한다는 점을 고려했다. 거주시설에 처음 입소한 신규 참여자를 고려해 관계 형성 활동은 모든 세션에서 가장 중요한 활동 중 하나로 포함했다. 기존 참여자가 경험한 내용을 신규 진입자가 자연스럽게 이해하도록 관계 형성에 초점을 맞췄다. 초점 맞추기 단계에서 신규 진입자가 참여했을 때도 충분한 관계 형성이 이뤄지도록 자신을 소개하고 현재 느낌과 의사소통 카드 활동의 취지에 대한 의견을 먼저 나눴다. 활동은 가치 카드와 열린 질문 카드를 활용했으며 각 활동은 독립적으로 운영되었다. 이는 시설 거주 노숙인의 심리적, 정서적 환경이 유동적이고 노숙인의 특성상 모든 활동에 지속적인 참여가 쉽지 않다는 점을 고려했기 때문이다. 활동에서 활용한 장치는 '변화를 돕는 의사소통 카드' 세트와 부교재로 다트판과 주사위 등이었다. 8회의 세션이 마무리되고 다시 시작할 때는 이미 활동을 경험한 참여자를 적극 활용했다.

먼저 관계 형성하기에서 시행한 3회의 활동은 참여자가 친밀감을 느끼도록 구성했다. 첫 번째 활동은 카드로 인터뷰하기로 구성했다. 이 활동은 이후 활동에서 신규 진입하는 참여자도 관계 형성에 도움이 되도록 편성했다. 카드로 인터뷰하기는 관계 질문으로 참여자 3명을 인터뷰해 대상자를 소개하는 방식으로 진행했다. 관계 질문은 '언제 사랑받고 있다고 느끼나요?', '포기하지 않고 끝까지 해낸 것은 무엇인가요?', '인생에서 가장 소중한 것은 무엇인가요?' 등 15개의 관계 질문 카드 중 임의로 하나를 선택해 동료 3명을 인터뷰하는 방식이다. 이때 소개받은 사람은 인터뷰해 발표한 동료의 소개에 대한 느낌을 나눴다.

두 번째 활동은 가치를 탐색해 변화의 이유를 찾는 내용으로 구성했다. 활동 내용은 가치에 대한 생각 펼치기, 지금 이 순간 중요한 가치를 찾아보고 구성원과 활동 경험을 나누는 내용이다. 이때 '변화를 돕는 의사소통 카드' 활동에 계속 참여하는 대상자가 신규 진입자에게 질문하는 기회를 부여한다. 예를 들어 '지금 당신에게 중요한 가치는 무엇입니까?' 등을 질문하도록 한다. 가치 카드를 선택한 참여자에게 카드 뒷면에 기재된 '인정하기'를 읽어달라고 요청해 참여를 격려한다. 예를 들어 '당신은 인간관계에서 믿음이 중요하시네요' 등으로 반영한다.

세 번째는 변화의 성격과 변화 단계 알아보기로 구성했다. 이 활동에서는 다트판을 활용한다. 다트를 인식 전, 인식, 준비, 행동 실천, 유지 단계로 표시한 후 다트를 던지는 활동이다. 참여자들은 다트 던지기 활동을 통해 자신의 변화 단계를 자연스럽게 이해할 수 있다. 활동에서는 '당신은 지금 어느 단계라고 생각하나요?' 등의 열린 질문을 한다. 여기서 자신이 알고 있는 변화 단계와 실제로 생활하면서 행동의 결과로 나타나는 변화 단계에 차이가 있으면 그 부분에 대한 의견을 나누며 변화의 방향을 찾아가도록 구성했다.

네 번째부터 여섯 번째까지의 활동은 불일치감을 유발해 변화의 이득과 손실을 탐색하는 활동으로 구성했다. 네 번째 활동에서는 탐색 질문을 사용한다. 변화의 목표와 현실 사이의 차이에서 느끼는 참여자의 양가 감정을 탐색하고 감정의 불일치감을 유발해 변화 동기를 구체화하도록 돕는다.

다섯 번째 활동에서는 내적 동기를 견고히 해 강점을 발견하는 활동으로 구성했다. 이 활동에서는 참여자가 이미 해본 시도 되새겨보기를 통해 강점을 발견하는 활동으로 구성했다. 여섯 번째 활동에서는 목표를 향해 시도하는 내 모습을 보며 변화를 향한 길의 걸림돌을 알아차리고 걸림돌을 제거하는 활동으로 구성했다. 초점 맞추기에 해당하는 네 번째부터 여섯 번째까지의 활동에서도 신규 참여자가 진입할 경우를 고려했다. 특히 노숙인에게 공통 이슈인 양가 감정을 탐색하기 위해 관계 질문과 함께 탐색 질문을 병행해 활용했다. 예를 들어 '당신의 변화된 모습을 누가 가장 기뻐할지 궁금합니다', '어떤 기대를 하나요?', '당신에게 문제가 없었던 적은 언제인가요?', '현재 상황을 어떻게 생각하나요?' 등의 탐색 질문을 통해 대상자가 양가 감정을 탐색하도록 구성했다.

일곱 번째 활동은 참여자의 행동 실천 준비 정도를 파악해 구체적인 행동 대안을 찾는 활동으로 구성했다. 활동에서는 '미운 나'를 바꿔보고 잘못된 선택으로 실패를 반복했던 자신의 구체적인 행동 대안을 찾는 활동으로 구성했다.

여덟 번째 활동은 구체적인 행동 실천 계획을 표현하는 활동으로 구성했는데 인생의 눈부신 하루, 이 순간의 느낌, 결단 공고히 하기 등으로 구성해 활동 전체의 의미를 구체화하고 변화 동기의 준비성, 의지, 능력을 확인하는 내용으로 구성했다. 매 활동의 시작 단계에서 신규 진입자와의 관계 맺기 시간을 할애했다. 20회 이상 꾸준히 활동에 참여한 대상자에게는 활동이 도움이 된 일상생활을 신규 진입자와 나눌 기회를 줘 참여를 격려했다. 여덟 번의 활동이 끝난 후 다시 활동을 시작할 때는 10회 이상 참여자의 의견을 수렴해 활동에 적극 반영했다.

활동 1. 관계 열기

【관계 열기의 실천 모나드】

세션	1
활동	활동 소개와 관계 형성하기
목표	카드 사용법 안내 및 친밀감 형성하기
활동 내용	· 활동 안내 및 자기소개하기 · 열린 질문으로 인터뷰해 관계 트기
의사소통 카드 활용	· 가치 카드 · 열린 질문 카드 – 관계를 여는 질문

첫 번째 활동은 관계를 여는 단계다. 인간관계는 상대방에 대한 호기심과 관심에서 시작된다. 호기심은 인간관계를 지속하는 데 중요한 역할을 하며 대인 간 친밀감 형성을 돕는다(Kashdan & Roberts, 2004). 호기심은 불확실성 회피보다 흥미 추구와 관련 있어 호기심을 유발하는 행동이 인간이나 동물을 더 동기화한다는 것은 이런 관점과 부합한다(Reeve, 2014). 이때 상대방과의 관계 형성이 원만히 이뤄지지 않으면 의사소통이나 변화는 기대할 수 없다. 따라서 '변화를 돕는 의사소통 카드' 활동에서는 관계 맺기를 세 번째

활동까지 할애하고 그 이후 활동에서도 관계 맺기가 원활히 이뤄지지 않는다면 관계 맺기에 중점을 둔다.

WHAT

동기 면담의 정신, 기술, 전략, 과정 등을 소개한다. 이 활동은 동기 면담을 기반으로 구성된 '변화를 돕는 의사소통 카드' 활동을 소개하고 이 프로그램이 설정된 이유와 활동 계획을 간략히 소개한다. 참여자는 활동 방향과 내용에 대한 느낌을 언제든지 공유할 수 있다는 것을 안내한다. 활동 도구인 '변화를 돕는 의사소통 카드'의 구성 취지와 활용 방법을 소개한다.

풀어가기: "나는 여러분의 변화를 돕기 위해 온 훈련가 ○○○입니다. 나는 여러분의 변화가 중요합니다. 물론 여러분만큼은 아니겠죠. 여러분이 변화의 주인공이자 변화를 원하는 장면의 전문가입니다. 오늘부터 8회에 걸쳐 나누게 됩니다" 이때 카드 소개를 간략히 마친다. 예를 들어 "'변화를 돕는 의사소통 카드'는 가치 카드 65개와 열린 질문 카드 65개로 구성되어 있습니다. 이 두 개의 카드는 우리가 소중

히 여기는 가치를 찾고 변화의 목표를 향해 나아가도록 도움을 줄 겁니다."

카드의 내용과 활용은 활동을 진행하면서 안내할 예정이라는 것을 밝힌다.

HOW TO

액션 1. 궁금증 인터뷰하기

첫 번째 액션에서는 관계 형성에 도움이 되도록 카드로 인터뷰하기로 구성했다. 관계를 돕는 질문으로 참여자 3명을 인터뷰해 인터뷰 대상자를 소개하는 방식으로 진행한다. 이때 한 가지 질문을 3명에게 하거나 세 개의 질문 카드를 한 명에게 할 수 있다. 관계를 여는 질문은 '언제 사랑받고 있다고 느끼나요?', '포기하지 않고 끝까지 해낸 것은 무엇인가요?', '인생에서 가장 소중한 것은 무엇인가요?' 등 15개의 관계를 여는 질문 카드를 집단원에게 인터뷰하는 방식이다. 질문 카드를 선택하는 과정이 궁금증과 흥미를 유발해 자연스러운 참여를 유도할 수 있다.

이때 참여자는 메모지를 준비해 기자가 질문하듯 인사

를 나누고 질문카드로 인터뷰한다. 인터뷰한 내용을 갖고 돌아와 소그룹에게 발표한다. 이때 소개받는 사람과 소개하는 사람으로 하여금 소개한 느낌, 소개받은 느낌, 이해한 부분을 표현하게 하고 전체와 공유한다. 나눔 시간을 한정해 한두 명의 경험이 장황하게 이어지지 않도록 하며 주변 사람들은 인터뷰를 주고받은 두 명에게 인정하기를 선물한다. 예를 들어 'A님은 항상 정확하시고 다른 사람을 잘 챙겨주십니다. B님은 일주일 동안 시설에 잘 적응하고 주말 등산을 가장 즐거워하십니다'와 같이 소개받은 사람은 자신의 느낌을 표현한다.

액션 2. 나 긍정하기

대상마다 다르지만 노숙인은 자신을 소개하다가 자신의 현재 모습에 부정적인 연민이 생길 수 있다. 가능하면 인터뷰한 상대방의 긍정적인 면에 초점을 맞춰 소개한다. 관계를 여는 활동이 종료된 후에도 생각을 요구하는 활동으로 바로 연결하면 집중력이 떨어질 수 있다. 따라서 자신의 모습을 찬찬히 바라볼 시간을 부여한다. 현재 마음이 어떤지, 지금 느끼는 불편감은 무엇인지, 자신에게 여전히 소중한 것은 무엇인지 의견을 공유한다. 매우 작고 사소한 것 예를 들어 굶지 않고 세끼 밥을 먹을 수 있는 것, 세상을 볼 수 있는 눈이 있는 것 등 사소하지만 잊고 산 것들을 공유하며 현재의 모습을 인정하고 되돌아보는 시간을 갖는다.

한국인들은 첫 만남에서 유독 호구조사에 관심이 많다. 만난 지 3년이 지나서야 상대방이 무슨 일을 하는지 알았다는 이야기를 들은 적이 있다. 같은 주제에 대한 의견을 나누느라 상대방의 다른 면을 물어볼 시간이 없었다는 것이다. 마음을 따라가다 보면 그의 걱정과 양가 감정, 그의 현재 마음을 이해하게 된다. 이 공통 부분을 나누다 보면 그의 직업, 나이, 외모, 거주지 등은 별로 상관없다는 것을 깨닫게 된다. 관계 맺기에 많은 활동을 할애하는 이유가 여기에 있다.

마음의 문을 여는 과정에서 '행복의 조건'을 표현해본다. 행복의 조건을 거론하다 보면 돈, 명예, 건강, 인간관계 정도로 압축된다. 하지만 그 정도를 하나씩 거론하면 행복의 조건에 큰 착시현상이 있다는 것을 알게 된다. '돈은 얼마나 있어야 행복한가?'라는 ○○신문 설문조사 답변으로 20억 원이 가장 많았다. 하지만 20억 원만 있으면 모두 행복한가? 20억 원 이상 자산가 중 처참하고 편협한 삶을 사는 사람들을 보면 금방 알 수 있다. 돈은 행복의 필요조건이지만 충분조건은 아니라는 결론이다. 명예는 어떤가? 어느 정도면 행복할까? 대통령, 장관, 국회의원은 행복한가? 그들의 악다구니와 자리다툼을 보면 행복해 보이지 않는다. 남의 손에 심장을 내주고 수많은 여론을 감당해야 하는 아슬아슬한 직업이다. 건강은 어떤가? 어느 정도 건강해야 하는가? 피트니스센터의 근육남이 되면 모두 행복한가? 가족관계는 어떤가? 가족을 잃는 것은 표현할 수 없을 만큼 슬픈 일이지만 며칠 만에 10대 자녀를 앙상한 뼛조각으로 되찾은 부모의 마음만큼 아플까? '우리는 왜 행복하지 않을까요? 그리고 우리는 어떻게 행복할 수 있을까요? 앞으로 우리는 소중한 나를 돌아보는 활동을 진행할 겁니다'

- 엔딩 -

구호, 나는 유일한 사람이다!
지지와 격려하기, 소중한 나 돌아보기

활동 2. 가치 찾기와 의사소통 스타일 알기

【실천 모나드】

세션	2
활동	가치 찾기와 의사소통 스타일 알기
목표	가치를 탐색해 변화의 이유 찾기
활동 내용	• 가치에 대한 생각 펼치기 • 지금 여기서 나의 가치 알아차리기 • 집단원간 가치를 서로 인정하고 격려하기
의사소통 카드 활용	• 가치 카드 • 열린 질문 카드 - 관계를 여는 질문

　두 번째 활동은 가치를 탐색해 변화의 이유를 찾는 내용으로 구성했다. 활동 내용은 가치에 대한 생각 펼치기, 지금 이 순간 중요한 가치를 찾아보고 활동 경험을 구성원과 나누는 내용이다. 이때 '변화를 돕는 의사소통 카드'의 가치 카드로 활동한다. 예를 들어 "지금 당신에게 중요한 가치는 무엇입니까?"라고 질문했을 때('사랑'을 선택한 경우) "제게 중요한 가치는 사랑입니다. 나를 아끼고 소중히 여기는 사랑이라는 마음이 중요합니다"라며 사랑의 개념을 읽은

후 집단원에게 "여러분! 저는 아끼고 소중히 여기는 마음이 중요합니다"라고 말하는 참여자는 돌아가며 "당신은 아끼고 소중히 여기는 마음이 중요한 사람이군요"라며 카드 뒷면에 기재된 '인정하기'를 참고해 반응한다. 이 활동에 익숙해지면 카드에 기록된 인정하기를 응용해 반영하기, 복합 반영하기 등으로 가치 찾기를 이어간다.

기대-가치이론 Expectancy-Value Theory(Vroom, 1964; Vroom & Jago, 1978)에 의하면 기대와 가치를 동기 결정 요인으로 가정한다. 이에 따르면 행동을 통해 목표를 달성할 확률, 즉 기대와 목표에 부여하는 가치에 따라 행동이 좌우된다. 목표가 매력적이고 달성할 수 있다고 생각되면 목표를 달성하려는 행동을 한다. 반대로 아무리 노력해도 목표를 달성할 수 없거나 목표를 달성할 확률이 높더라도 가치가 없다고 생각되면 아무 노력도 하지 않는다. 따라서 내담자의 핵심 목표와 가치관을 정확히 이해해야 그들의 변화를 도와줄 수 있다.

개인의 삶에서 '기대와 가치'는 개인의 동기, 선택, 의사결정과 직결되는데 이 과정에서 가치 탐색이 중요하다. 따라서 가치 탐색을 통해 현재의 가치를 깨닫고 현재의 행동이 추구하는 가치와 걸맞는 행동인지 탐색해야 한다. 자신이 중시하는 가치와 현재의 행동 사이에 발생하는 불일치를 질문해 변화의 동기를 유발할 수 있다(신수경, 조성희, 2016).

우선 열린 질문하기를 통해 가치 끌어내기, 구조화된 방법을 통한 가치 끌어내기를 할 수 있다. 이때 내담자의 인지 기능 수준에 맞는 언어를 사용해야 한다. 예를 들어 '인생에서 가장 소중한 것은 무엇일까요?', '소중한 가치를 얻으면 어떻게 달라질까요?' 등의 다양한 질문을 할 수 있다. 이 과정에서 내담자가 인생을 살면서 어떤 원칙과 기준을 내면화하고 있는지 살펴본다. 이때 발생하는 양가 감정 때문에 모호하고 추상적인 대답을 할 수도 있으니 가치별 인정하기와 반영하기를 통해 더 상세히 설명하기를 요청할 수 있는 열린 질문하기가 필요하다. 내담자의 가치를 알아내고 더 구체적으로 물어보고 반영하고 탐색하면 관계 형성에 큰 도움이 되고 내담자의 긍정적 가치를 인정함으로써 변화의 동기를 촉진할 수 있다. 이처럼 가치에 대한 이해는 동기 면담에서 중요한 열쇠다.

WHAT

이 회기에서는 지난 첫 시간 활동 이후 일상생활의 느낌에 대한 의견을 공유한다. 가치 카드 65개 중 중요하게 생각하는 가치 세 개, 그중 지금 이 순간 중요한 가치를 분류하는 활동이다. 이는 참여 인원에 따라 다양하게 적용할 수 있다. 10명이 넘으면 조별 활동을 적용하고 조별 나눔 내용을 전체와 나눌 수 있다. 지금 이 순간 선택한 가치가 소중한 이유를 물어보고 자신이 선택한 가치와 평소 자신의 의사소통 스타일에 대한 의견을 공유한다. 매사 부정적이고 비관적이었던 이유, 그것이 지금 소중히 여기는 가치와 어떤 관련이 있는지 의견을 공유할 수 있다.

HOW TO

액션 1. 가치 찾기

인생의 중요한 가치 찾기 활동이다. 65개 가치 중 중요하게 여기는 세 가지를 선택한다. 이 활동은 시간이 소요될 수 있으므로 참여 대상자에 따라 선택하는 가치 수를 8개, 4개, 2개, 1개 단계적으로 선택하게 할 수 있다.

풀어가기: 선택한 가치 카드 앞면에 기재된 가치의 뜻을 말하고 뒷면의 인정하기 문장을 읽은 후 가치와 관련해 다른 사람에게 자신을 소개한다. "내게 중요한 가치는 수용입니다. 수용은 나를 있는 그대로 인정하는 것입니다. 여러분, 나는 나를 있는 그대로 인정해주는 게 중요합니다"라고 말하고 다른 참석자들이 "당신은 있는 그대로 인정하는 게 중요하네요", "당신은 다른 사람들이 당신을 가식 없이 바라보는 것이 중요한 분이군요" 등으로 인정하기를 하면 발표자는 "네, 저는 그런 사람입니다"라며 인정하기에 대한 느낌을 표현한다.

액션 2. 가치 탐색

가치 찾기를 통해 지금 이 순간 가치가 왜 중요한지, 소중한 가치가 어디에 있고 어떻게 찾을 수 있는지 탐색할 수 있다. 또 하나는 내 인생에서 선택한 가치가 왜 중요한지 의견을 나누는 시간을 갖는 것이다. 그 가치를 이루는 것이 얼마나 중요한지 가치의 중요성과 자신감의 척도를 질문한다. 참석자들은 자신이 중요하게 여기는 가치와 현재 자기 모습의 차이를 바라볼 시간을 갖는다. 지난 활동에 이어 자신의 현재 모습을 한 걸음 더 탐색할 수 있다. 이때 잠시 활동을 멈추고 자신의 인생에서 성공과 실패 경험을 간략히 공유한다. 끝으로 지금 자신이 할 수 있는 것을 찾아보는 활동을 진행한다.

삶에서 '기대와 가치'는 개인의 동기, 선택, 의사결정과 직결되는데 이 과정에서 가치 탐색이 중요하다. 참여자에게 깊이 잠재된 상처를 다루기 위해서는 중요하게 여기는 가치가 상처 때문에 어떻게 가려졌는지 탐색한다. "당신에게 중요한 가치는 가족이네요. 그런데 지금은 가족을 만나지 못하고 거리를 떠돌다가 거주시설에 들어오셨고요. 가치를 되찾기 위해 당신이 지금 할 수 있는 일은 무엇일까요?" 등의 질문으로 현재의 모습을 다룰 수 있다.

E 씨는 가족이 중요하다. 여전히 관심을 갖고 용돈을 보내주는 누나 앞에 선물을 전해줄 수 있는 사람이 되고 싶다. 하지만 지금은 정신장애 때문에 시설에서 잘 버텨내는 것이 할 수 있는 전부다.

F 씨는 보석세공사다. 그의 가치는 '예술성'이다. 여러 가지 예술적 방법으로 표현하거나 감상하거나 즐기는 것이다. 그는 원석을 보자마자 가치를 판단하는 눈이 있다. 하

루이를 노력이 아니라 초등학교 시절부터 길러온 눈썰미다. 아내의 외도로 아이들을 홀로 키우며 그 쓰라린 고통을 견디기 위해 '보도방'에서 고통을 달랬다. 술을 마시기만 하면 자동으로 극진히 대접해주는 술집에 가 '배신의 상처'를 달랬다. 돈도 직업도 영혼도 그 상처가 집어삼켰다.

G 씨는 신용불량자 몸이지만 끝까지 자신을 기다려주는 친구가 유일한 가치다. 우정, '친밀하고 따뜻하고 지지해주는 친구 관계'가 G 씨에게 중요하지만 지금은 친구를 떳떳하게 만날 수 없는 처지다. 하지만 환경이 나아지면 맨 먼저 친구부터 찾을 것이다.

H 씨는 영성이 중요하다. 영성은 신(초월적 존재)의 뜻을 구하고 그 뜻에 순종하며 영적으로 성숙하기다. 목회자로부터 지독한 상처를 받았다. 자신이 암에 걸렸을 때 유일한 안식처가 되어준 교회 목회자는 자신의 기술을 최대한 이용만 하고 공사에 하자가 생기자 모든 책임을 H 씨에게 뒤집어씌우고 고발까지 했다. 선행의 대가치곤 너무나 혹독했다. 그래서 어느 순간부터 술버릇이 생겼다. 술만 마시면 근처 교회로 달려가 신도들과 시비가 붙는다. "당신이 제대

로 된 신앙인이야?"라며 술주정하는 그를 달갑게 받아주는 사람은 없었다. 가족은 그를 이해하려고 했지만 술버릇은 점점 심해져 감당하기 어려운 지경이 되었다. 그런데도 H씨는 영성이 중요하다. 지쳐 거리로 나왔을 때 잠을 청할 유일한 장소도 교회 예배당이었다. 영성을 회복하기 위해 그는 긴 싸움을 시작했다. 우선 짐만 되는 자신을 가족으로부터 분리하기 위해 집을 나왔다. 불쑥불쑥 솟는 분노와 배신감은 몸이 쇠하면서 잦아들고 시간이 지나면서 상처는 조금씩 무뎌지고 있다.

가치를 나눌 때는 잦은 반영으로 조심스럽게 다가가야 한다. 가치가 막연하거나 지루하지 않도록 한두 가지 가치로부터 느낀 감정을 간결하게 반영하고 깊이 있게 공감해야 한다. 지금 중요한 가치로부터 멀어져 있지만 그 방향으로 달려가는 그를 격려하며 지금 잘 해내고 있는 것을 칭찬하며 파트너십을 형성해야 한다. 지금 자신에게 남은 것을 가치와 함께 나눌 때는 참여자가 막연한 자신감을 품거나 큰 실망을 하지 않는지 잘 살펴봐야 한다. 생각나는 대로 현재의 감정을 자유롭게 표현하며 자신의 가치를 스스로 인정할 기회를 줘야 한다. 현재의 삶이 가치로부터 멀어져 있지만 결코 실패가 아니라는 것을 스스로 느낄 수 있어야 한다.

- 엔딩 -

구호! 눈을 놓치지 말자

나의 가치 인정하기

중요한 가치와 현재의 가치 각성하기

| 활동 3. | 변화의 성격과 단계 알아보기 |

【실천 모나드】

세션	3
활동	변화의 성격과 단계 알아보기
목표	변화 단계를 이해하고 자신의 변화 단계 표현하기
활동 내용	· 변화 단계 모형 안내 · 나의 변화 단계 찾아보기 · 시도해본 행동 표현하기 · 변화 행동을 실천하는 방법 찾아보기
의사소통 카드 활용	· 가치 카드 · 열린 질문 카드 – 관계를 여는 질문

    프로체스카와 디클레멘트(2005)는 연속적인 변화 단계를 설명하는 초이론 모델에서 특정 시기의 변화 동기의 강도나 정도를 반영하는 단계에 따라 특징적으로 사용하는 변화 전략이 있다고 주장했다. 변화는 갑자기 순간적으로 일어나는 것이 아니라 단계나 주기를 따라 점진적으로 일어나는데 그 단계는 변화 의욕이 없어 보이는 인식 전 단계로부터 문제의 장·단점을 심사숙고해 문제 인식이 증가하는 인식 단계를

거쳐 변화를 결심하고 잘못된 행동을 중단하는 준비 단계, 행동 변화를 위해 노력하는 실천 단계, 성공을 경험하는 유지 단계로 점진적으로 이동한다는 것이다. 변화 과정은 사람마다 다른 속도로 진행되거나 순환적이어서 현재의 행동을 그대로 유지하면서 변화의 수레바퀴를 맴돌기도 한다.

특히 사람은 인식 전 단계에서 인식 단계를 오가며 불안과 갈등에 시달리곤 한다. 많은 사람은 변화의 두세 단계를 수레바퀴처럼 맴돈다. 특히 노숙인은 과거 상처 때문에 끊임없이 감정의 욕구를 억제하고 갈등하며 양가 감정에 시달린다(King & Emmons, 1990). 과거의 실수를 뼈저리게 인식하고 변화를 준비하지만 금방 과거의 상처에 억눌려 자의식에 빠지기도 한다. 종잣돈을 모으고 직업을 얻어 자립을 시도하지만 오래 실천하지 못하고 다시 과거의 실수를 반복한다. 어느 순간 자신이 변화의 필요성이 있는지조차 혼란스러워하며 원점으로 되돌아와 인식 전 단계에 머물기도 한다. 이것이 노숙인이 동기를 유발하기 쉽지 않고 노숙의 장기화에 빠지는 이유다.

누구나 문제는 있다. 그 문제를 해소해 변화하려면 지금 자신이 어느 단계인지 인식해야 한다. 초기 단계에서는 어떤 문제가 있는지 인식하지 못한다. 문제가 일상에서 반복되어 삶의 균형이 무너지기 시작하면 뒤늦게 문제의 심각성을 깨닫고 '무엇이 문제인가?'라는 의문과 함께 전문가의 도움을 받고 싶어한다. 하지만 뒤늦게 성사된 전문가와의 만남은 긴 시간이 필요하다.

WHAT

3회기는 변화의 성격과 변화 단계 알아보기로 구성했다. 활동에서는 다트판을 활용한다. 먼저 프로체스카와 디클레멘트의 인식 전, 인식, 준비, 행동 실천, 유지 변화 단계의 단계별 특징을 안내한다. 인식 전 단계에서는 변화할 마음이 전혀 없다. 인식 단계에서는 6개월 안에 변화할 마음이 있지만 미룰 수도 있다. 준비 단계에서는 조만간 행동을 실천할 계획이 있다. 행동 실천 단계에서는 지난 6개월 동안 변화된 행동을 보인다. 유지 단계는 6개월 이상 행동 변화를 유지해 증상이 회복되는 단계다. 변화는 자신의 문제 인식에서 출발한다. 변화의 수레바퀴에서 빠져나와 유지와 성장 단계에 도달하려면 변화 단계에 대한 인식이 가장 중요하기 때문이다.

HOW TO

액션 1. 변화 단계 맞추기

다트를 활용한 활동은 다음과 같다. 다트판에 인식 전, 인식, 준비, 행동 실천, 유지 단계로 표시한 후 다트를 던지는 활동이다. 우선 자신의 단계를 표현하고 현재 느낌이 어떤지 원하는 단계에 대한 의견을 공유한다. 그리고 원하는 단계를 향해 다트를 던진다. 자신이 인식 단계라고 표현한 참여자가 다트를 던져 행동 실천 단계를 맞췄을 때는 "문제를 인식만 하고 있다고 생각했는데 행동으로 실천하고 있네요. 그렇다면 어떤 노력을 하고 있나요?"라고 질문할 수 있다. 유지 단계를 맞췄을 때는 "이미 변화의 목표를 달성해 살아가는 모습은 어떤 모습일까요?"라며 의견을 공유할 수 있다. 현재 자신이 생각하는 단계와 다트로 맞춘 단계를 비교하며 의견을 나누면서 변화 단계를 이해하고 자신이 현재 시도하는 모습을 자연스럽게 되돌아볼 수 있다.

풀어가기: 다트 활동을 통해 "유지 단계로 가고 싶지만

뜻대로 안 되는군요"라는 반영을 할 수 있다. 유지 단계를 맞춘 참여자에게는 "이제 시설을 떠나 자립할 일만 남았군요. 사회에서 어떤 일을 하며 살아갈지 말씀해주세요", "당신의 어떤 모습을 보고 문제가 해결되었다는 것을 알 수 있을까요?" 등을 질문할 수 있다. 활동 속에서 참여자들은 자신이 변화의 수레바퀴를 맴돌고 있음을 자각할 수 있고 그 이면에 자신이 해결하지 못한 상처가 깊이 잠재되어 있다는 것을 알게 된다. 대부분 문제는 인식하지만 변화할 준비가 안 된 자신의 모습을 보게 된다.

액션 2. 행동 실천 경험

변화 단계와 변화의 성격을 보면 자신을 되돌아볼 수 있다. 이때 두 번째로 최근(1년, 1개월, 1주) 자신이 시도한 행동을 표현하는 시간을 갖는다. 이때 열린 질문 카드를 활용한다. 분노 조절이 안 되는 참여자의 경우, 최근 "화를 내지 않고 참은 경험은 무엇인가요?", "가족에 대한 욕을 계속 되뇌는 자신을 다스리기 위해 어떤 시도를 하셨나요?" 등의 질문과 '도박 유혹을 물리치기 위해 몰두한 것', '흡연을 줄여 나간 것', '인내한 것' 등 최근 자신이 문제를 인식하고 변화를 위해 준비한 사건들을 표현하게 한다. 이를 동료에게 표현하면 참여자들은 자신이 시도한 경험담을 말하며 도움이 안 된 방법을 안내한다. 이때 자신이 잘한 것을 자세히 충분히 말하고 변화를 위해 하면 안 될 것을 찾아 표현하게 한다.

변화에서 자기인식은 매우 중요하다. 문제에 대한 자기인식과 행동 실천 사이에 생기는 간격을 줄이는 것이 세 번째 활동의 목표다. '머리로는 알고 있지만 마음대로 잘 안 된다'라는 것이 노숙인들의 공통적인 하소연이다. 자신이 마음을 봉제하지 못하고 마음의 노예가 된 모습이다. 이처럼 노숙인들은 자신이 마음을 지배하지 못하고 마음의 노예가 되어 휘둘린다. 트라우마에 가려 마음을 통제하지 못하는 형상이다. 이럴 때는 지금 시도하는 일을 인식하는 방법을 활용해야 한다.

A 씨는 가족 중 돈을 갚지 않은 누이를 지속적으로 욕하면 탈진 상태에 빠진다고 한다. 그는 누이를 욕하지 않기를 의도적으로 실천하려고 노력했다. '누이도 이유가 있었을 거다. 불쌍하다'라는 식으로 한 번씩 되뇌었다. B 씨는 작은 거라도 시설에서 필요한 설비공사를 시도해 자신의 기술이 살아있다는 경험을 했다.

E 씨는 자신의 눈썰미를 잃지 않기 위해 S 지역의 후배 가게에 들른다고 했다. 세공기술을 잊지 않기 위해서였다. F 씨는 술마시는 대신 틈날 때마다 주변 산을 돌아보며 자신이 몸담았던 조경 일을 다시 할 날을 고대했다. '환경과 상호작용하며 서로 조화롭게 살기'라는 '생태 환경'의 가치를 되새기며 자신의 변화가 필요하다는 것을 인식했다.

노숙인은 작은 실천 행동을 지속적으로 일관성 있게 실천하는 데 어려움을 겪는다. 조금만 불편해도 시도를 포기한다. 그러므로 작고 실천 가능한 일을 지속적으로 하도록 확인하고 격려해줘야 한다. 자신이 변화의 수레바퀴 속에 갇혀 빠져나오지 못하고 있다는 것을 인식해 작은 실천을 꾸준히 해나갈 때 변화가 가능하다는 사실을 활동 속에서 경험하도록 해야 한다.

- 엔딩 -

구호! 수고한 나를 위로하자
나의 변화 단계 알아보기
나의 변화 목표 찾아보기

활동 4. 내적 동기 탐색하기

세션	4
활동	내적 동기 탐색하기
목표	불일치감을 유발해 변화에 대한 이득과 손실 탐색하기
활동 내용	· 불일치감 유발하기 · 인정하기로 힘 북돋우기 · 나의 감정 인식하기 · 미래의 모습으로 현재의 행동 대안 찾기
의사소통 카드 활용	· 가치 카드 · 열린 질문 카드 　– 관계를 여는 질문 　– 탐색을 돕는 질문

　네 번째부터 여섯 번째까지의 활동은 내적 동기가 생활 속에서 어떻게 작동하는지 탐색하는 활동이다. 네 번째 활동은 불일치감을 유발해 변화에 대한 이득과 손실을 탐색하는 활동으로 구성했다. 활동에서는 탐색을 돕는 질문으로 변화의 목표와 현실 사이의 양가 감정을 탐색하고 감정의 불일치감을 유발해 변화의 동기를 구체화하도록 도와준다.

네 번째 활동에 접어들면 참여자들은 호의적인 마음과 적대적인 마음, 이타심과 이기심이라는 양가 감정 때문에 마음 한편에 부담이 생기기 시작한다. 현실이 못마땅하지만 벗어나지 못하고 머뭇거리는 자신을 보기 시작하며 불편한 마음이 몰려온다. 표현하지 못한 감정이 활동 속에서 표출되면서 자신의 현실을 구체화한다. 정서의 양가 감정은 표현하려는 감정 욕구를 억제하며 갈등하는 것(King & Emmons, 1990)인데 최해연과 민경환(2007)은 양가성을 자기방어적 양가성과 관계관여적 양가성 두 개의 하위 요인으로 구분했다.

  이중 자기방어적 양가성은 정서를 적절히 표현할 자신이 없거나 거부당하거나 상처받을지도 모른다는 두려움이 반영되어 나타나는 심리증상과 정서 표현의 양가성을 설명한다. 실제 활동에서도 자신의 이중적 감정, 즉 호의적인 마음과 적대적인 마음, 위로와 분노, 이기심과 이타심, 인정하는 마음과 억울한 마음 등이 치솟으며 양가 감정에 시달리기도 한다. 이와 같은 내적 동기를 탐색하는 활동은 억제된 감정을 표출하는 계기로 활용될 수 있다.

WHAT

 4회기에서는 내적 동기를 탐색한다. 자신이 원하는 행동과 실제 행동 사이의 불일치 감정을 탐색해 현재의 활동 대안을 탐색하는 활동이다. 내면 동기는 변화를 향한 두 가지 불일치 감정을 다루는 방법에 따라 달라진다. 인간은 양면적 감정에 시달리다가 회피적인 대처 방식을 사용하게 되어 대인관계 양상에도 부정적인 영향을 미친다. 대인관계에서 다인과 안정적인 교제나 조화를 이루고 있다는 심리적 자각이 있을 때 비로소 관계성 욕구가 향상되기 때문이다(Emmons & Colby, 1995; 장정주, 김정모, 2008; 김아영, 2010). 본 회기는 변화의 불일치감을 유발해 변화의 이득과 손실을 탐색하는 단계로 구성했다.

HOW TO

액션 1. 두 개의 나

 우리 안의 두 가지 나를 탐색한다. 스티븐슨의 소설 『지킬박사와 하이드』처럼 인간의 마음속에는 두 개의 마음이 살고 있다. 선택의 갈림길에서 이 두 개의 마음 때문에 우리는 항상 고민한다. 호의적인 마음과 적대적인 마음, 이타심과 이기심, 선한 마음과 악한 마음 이 두 개의 마음에서 생기는 감정 욕구를 억제하며 표현하려고 갈등하는 것을 정서의 양가 감정이라고 했다(King & Emmons, 1990). 이 양가 감정 앞에서 우리는 매 순간 선택하며 살아간다. 하물며 서로 다른 두 개의 양가 감정이 만나는 사람과 사람 관계에서 선택은 더 복잡해진다.

우리 안에는 항상 두 가지 마음이 살고 있으며 이 두 가지 감정은 누구에게나 있다는 것을 설명한다. 행복할 때와 힘들 때, 긍정과 부정, 호의적인 마음과 적대적인 마음, 이타심과 이기심이라는 양가 감정 때문에 갈등한다. 우선 자신에게 필요한 가치(활동이 진행되면서 조금씩 변화한다. 중요한 것은 활동 당시 중요한 가치를 중심으로 한다)를 되새겨보고 그 가치를 다시 한 번 읽어본다. 그런 후 살아오면서 가장 행복했던 때와 힘들었던 때 3~5개를 포스트잇에 써보게 한다. 쓰고나서 자신이 힘들었을 때와 어려웠을 때를 중요하게 여기는 가치와 관련해 의견을 공유한다.

포스트잇을 보드판 등에 붙이게 해 우리가 공통적으로

행복할 때와 힘들 때가 언제인지 의견을 공유한다. 이때 주목할 것은 행복했던 때를 말할 때 그 사실을 접했을 때의 감정을 반영하고 인정해주는 것이다. 활동을 통해 사람들은 두 가지 감정 때문에 갈등하고 고민한다는 사실을 공유하고 지금은 그 감정이 어떤지 열린 질문 카드로 탐색한다.

풀어가기: 두 가지 감정에도 공통 부분이 있다. 대상 집단의 특성과 성격별로 다양하겠지만 그중 공통적으로 힘들 때와 행복할 때를 공유한다. 이 공통 부분에 대해 "더 말씀해 주세요. 그밖에 어떤 점이 좋았나요? 지금 그 행복에 방해가 되는 것은 무엇인가요?" 등의 탐색 질문으로 현재의 감정을 북돋운다. 두 가지 감정이 지금 어떤 모습으로 나타나는지 충분한 의견을 나눠 현재의 내적 동기, 현재의 불편함을 해소할 활동, 어려움을 겪는 이유를 다룬다. 생활 속에서 자신이 느끼는 감정과 현실의 불일치 감정을 충분히 나눈 후 과거와 미래에서 바라본 현재의 내 모습을 되짚어보는 활동을 한다.

액션 2. 5년 후 내 인생 명함

5년 후 내 인생 명함에 내가 소중히 여기는 가치, 그 가치가 중요한 이유를 적게 한다. 그동안 기분 좋은 변화 세 가지, 5년 후의 일, 5년 후 내가 현재의 내게 해주고 싶은 말 세 가지를 적는다. 노숙인의 특성상 기록이 불편할 수도 있으므로 활동을 시작하기 전에 생각나는 것 한두 개라도 구체적으로 표현하도록 유도한다. 내 인생의 가치에는 ① 가장 중요한 가치(우선순위 세 가지), ② 가치가 소중한 이유, ③ 지금 내가 하는 일과 5년 후 명함, ④ 기분 좋은 세 가지 변화, ⑤ 나의 하루 일과, ⑥ 5년 후를 위해 오늘 내가 할 일을 기록한 종이를 나눠주고 기록하는 활동을 진행한다.

액션 3. 가치 맞추기 다트 활동

자신이 소중히 여기는 가치를 맞추는 작업을 한다. 이때 상품을 준비해 집중력을 높인다. 양가 감정에 시달리며 고민하는 자신이 소중한 가치를 찾기 위해 애쓰는 모습은 다트 쏘기 과정에서 체험하는 방법이다. 20여 개 가치를 기록한 다트판을 준비한다. 다트를 던지기 전에 20여 개 가치 중 자신이 현재 소중히 여기는 가치를 선택하게 하고 그 가치와 관련해 자신의 목표, 원하는 변화 모습 등을 표현하게 한다. 이때 참여자를 앞으로 나오게 해 다트 세 개 정도를 건넨다. 다트를 던지는 행위는 자신의 변화를 향한 시도라는 것을 주지시킨다. "변화는 저 다트판 안에 있어요. 하지만 다트를 주머니에 넣고 외면하면서 다른 행동을 한다면 어떨까요?"라고 질문할 수 있다. 자신이 원하는 가치를 정확히 맞췄을 경우 그의 노력을 격려하고 인정하며 느낌이 어떤지, 어떤 노력으로 성취했는지 질문한다. 또한 다트판 거리를 두고 변화가 아득했지만 시설의 도움, 각종 복지시설, 의료지원, 급식시설, 직업알선 등의 도움으로 다트를 던질 수 있는 거리까지 도움을 받았다는 것을 주지시키면 참여자의 이해를 도와줄 수 있다.

참여자들은 다트 활동에 흥미를 갖고 참여한다. 하지만 자신이 소중히 여긴 가치인 돈, 재물, 명예, 가족 등을 맞추기는 쉽지 않다. 돈을 맞추려고 했지만 모험을 맞췄다면 "돈을 벌려고 노력했지만 모험을 경험하셨네요", 정확성을 맞추려고 했지만 수용을 맞췄다면 "정확한 일 처리가 중요하지만 원하는 대로 되지 않았네요. 하지만 사실을 있는 그대로 받아들이는 수용을 택했네요"라는 식으로 활동을 통해 현재의 노력이나 활동이 원하는 결과가 나타나지 않을 수도 있다는 것을 스스로 경험하게 한다. 다트 세 개가 과녁에서 모두 빗나가면 참여자는 실망할 수 있다. 이때 다트 두세 개를 추가로 건네주며 우리 주변에는 자신의 의지만 있으면 도움을 청할 곳이 있고 기회는 여전히 스스로 선택할 수 있다는 것을 주지시킨다.

시도가 성공하지 않더라도 다시 시도할 수 있으며 기회가 있다는 것을 주지시킬 수 있다. 이때 원하는 변화의 목표가 자신이 시도하는 다양한 행동으로 달성될 수 있다는 것을 경험시킨다. 내적 동기는 불일치감 탐색으로 시작되는데 양가 감정을 불러일으켜 현재의 행동 방향을 더 명확히 인식시켜주는 활동이다.

마음 깊은 곳의 우물에 있는 감정은 사람마다 다른 그곳에 있다. A 씨는 부모님이 돌아가시기 전 가족이 오순도순 살았을 때, B 씨는 아들이 결혼했을 때, C 씨는 자신의 전산 능력을 인정받았을 때, D 씨는 사업으로 날린 돈을 부모님께 보내드렸을 때, E 씨는 자신의 세공 능력으로 가장의 역할을 다했을 때, F 씨는 경쟁시험에 합격했을 때, G 씨는 딸을 위해 3시간 거리를 달려가 분유를 샀을 때 등이다.

모두 자신의 역할을 인정받고 자신이 할 바를 해냈을 때였다. 능력을 발휘할 기회를 얻지 못해 자신이 쓸모없는 존재라는 생각이 들 때 삶의 동기는 추락한다. 동기가 떨어지면 의지도 쇠퇴해 아무 행동 실천 동기도 나타나지 않고 무기력한 자신을 발견하게 된다. 이런 상태에서 5년 후의 내가 내게 전하는 말은 공허하기 짝이 없다. 그러므로 내적 동기를 탐색하고 나름대로 실천 노력을 인정하며 그 결과가 의도와 달리 원하는 대로 달성되지 못하더라도 실패가 아니라는 것을 공유해야 한다. 시도 자체가 변화로 가는 과정이자 경험이라는 사실을 스스로 깨닫게 도와준다.

- 엔딩 -

구호! 나를 구체적으로 칭찬하자

내적 동기 탐색하기, 양가 감정 탐색하기

활동 5. 시도한 모습 되새겨보기

세션	5
활동	시도한 내 모습 되새겨보기
목표	내적 동기 견고히 해 강점 찾기
활동 내용	· 내적 동기 견고히 하기 · 탐색 질문을 통해 가치 구체화하기 · 내가 선택한 가치 다루기 · 나의 강점 발견하기
의사소통 카드 활용	· 가치 카드 · 열린 질문 카드 　– 관계를 여는 질문 　– 탐색을 돕는 질문

다섯 번째 활동은 내적 동기를 견고히 해 강점을 발견하는 활동으로 구성했다. 이 활동은 참여자가 이미 해본 시도를 되새겨보기를 통해 강점을 발견하는 활동으로 구성했다. 참여자들은 현재의 자신을 세우는 가치를 인식하는 경험을 했다. 자신을 지탱해준 가치인 믿음, 우정, 가족 등을 통해 자신의 현재를 있게 해준 중요한 가치였다는 것을 자각하는 경험을 했다. 현재의 가치를 유지하고 지속하는 데 필요한

융통성, 관대함, 협동, 건강, 안전성 등의 가치를 자신이 중시하는 가치와 연결하는 활동으로 현재의 자신을 세우는 가치를 찾아보는 경험을 했다. 이 활동은 현재의 모습을 각성하는 기회를 제공했다.

데시 및 라이언(2002)은 자신에 대한 각성은 자신의 능력에 대한 자신감을 높여줘 능력을 최적으로 발휘할 도전을 하게 된다는 주장을 뒷받침한다. 자신이 사회에서 스스로 설 수 있는 자원을 찾아내 실천한다면 음주, 도박 등 잘못된 습관을 바꾸고 자신에게 유익한 인생 자원을 찾아내면 반복된 실패의 고리를 끊을 수 있다.

유능성은 타인과 비교해 드러내느냐, 과제 자체에 초점을 맞추느냐에 따라 학자들이 다양하게 구분한다. 특정 목표를 달성하는 능력인 유능감을 누군가와 비교해 인식하는 것을 수행 목표, 과제 자체의 숙달을 유능감으로 인식하는 것을 숙달 목표라고 한다(Elliot, 1999). 수행 목표지향적인 사람은 타인과 비교해 자신의 유능감을 인식하므로 실패 가능성이 큰 과제 수행을 회피한다.

반면 숙달 목표지향적인 사람은 과제 수행 자체에 자신의 유능감을 인식하므로 끊임없이 노력한다. 성취 목표지향성은 수행 목표(Performance Goal)와 숙달 목표(Mastery Goal) 이분법적으로 구분한다. 숙달 목표는 과제 숙달을 통해 새로운 지식과 기술을 획득해 유능성을 향상시키는 데 초점을 맞추고 수행 목표는 타인과 비교해 자신의 능력이 어떻게 평가되는지에 초점을 맞춘다. 숙달 목표지향적인 사람은 배움 자체에 가치를 두고 실패 원인을 자신의 노력 부족으로 인식해 끊임없이 노력한다. 수행 목표지향적인 사람은 타인과 비교해 자신의 능력을 높이 인식할 때 유능감을 느껴 자신의 연약한 부분을 드러내지 않는다. 결국 실패 가능성이 큰 과제 수행은 회피한다(Elliot, 1999). 내적 동기를 견고히 하면 긍정적인 자기인식을 통해 자기 자원 발견, 긍정적인 행동 실천, 자기 긍정과 자기 인정 등으로 자신의 강점을 탐색함으로써 행동 실천에 자신감을 높일 수 있다.

WHAT

다섯 번째 활동은 내적 동기를 견고히 해 강점을 발견하는 활동으로 구성했다. 두려움은 알 수 없을 때 생긴다. 내가 무엇을 해낼 수 있는지, 무엇을 할 수 없는지 알 수 없을 때 두려움이 생긴다. 곰곰이 되새겨보면 지금까지 해낸 일들이 용하게 느껴진다. 하물며 내가 아닌 다른 사람이었다면 해냈을지 의심스러운 일이 있다. '나니까 가능했던 일', '나니까 이만큼 해낸 성과'를 되새기면 자신의 강점을 찾아내고 '진짜 나'를 세울 용기가 생긴다. 따라서 현재의 감정과 욕구를 탐색해 중시하는 가치를 실천하는 방법을 찾기 위해 내가 성취한 경험을 되새겨 명확히 하는 활동이 필요하다. 이번 회기는 자신이 살아오면서 성취한 것이나 사람들의 인정을 받은 경험을 표현하면서 자신의 강점을 찾아내는 활동이다. 이때 열린 질문과 탐색 질문을 활용한다.

HOW TO

액션 1. 성공담 공유하기

나의 성공담 나누며 현재의 감정 탐색하기

지금까지 살아오면서 해낸 성공 경험을 공유한다. 성공하는 데 가장 크게 작용한 가치를 되새겨보는 활동이다. 정확성, 용기, 부, 예술성 등 살아오면서 삶의 기준이 된 가치가 성공을 이룰 때마다 어떻게 작용했는지 의견을 공유한다.

풀어가기: 성공담은 과거 자신이 사람들의 인정을 받았을 때를 되새기며 나눌 수 있다. 하루도 빠짐없이 출근한 빵 공장에서 '시계'라는 별명을 얻었을 때, '매사 정확한 사람'이라는 말을 들었을 때, '정확성'을 중요한 가치로 선택했을 때 나눌 수 있는 내용이다. 손수 재단한 맞춤 정장을 구매한 고객이 지인을 데려와 '이 분의 손은 예술'이라고 말했을 때 '예술성'이라는 가치로 의견을 공유할 수 있다. 온수 배관이 터졌을 때 터진 밸브를 빼내고 수도꼭지를 달아 응급조치했을 때 '맥가이버'라는 말을 들었다면 '협동'의 가치가 자신의 성공을 어떻게 부추길 수 있는지 의견을 공유할 수 있다.

액션 2. 가치 경매하기
소품(과자)을 통해 가치경매 활동 진행하기

유산균 음료, 견과류, 간식용 빵, 과자 등에 가치를 붙여 경매를 시작한다. 손가락 하나에 백만 원씩 천만 원을 배부한다. 부, 명예, 권력, 가족, 여가를 중요한 가치로 생각했던 참여자들은 융통성, 관대함, 협동, 건강, 안전성 등을 경매로 추가로 샀다. 이때 자신이 소중히 여기는 가치는 이미 갖고 있다고 생각하고 변화에 필요한 가치를 추가 구매하는 활동이었다. 부를 중요한 가치로 여기던 참여자가 전 재산을 털어 건강을 사들였다면 "부를 중요한 가치로 선택하셨는데 건강을 구매하셨네요. 이유가 뭔가요?", 가족을 중요한 가치로 여기던 참여자가 경매를 통해 수용을 구매했다면 "지금 수용을 구매한 이유가 뭔가요?" 등의 질문으로 자신의 삶에서 중요하게 작동하는 가치를 탐색하는 시간을 갖는다.

성공 경험 나누기는 변화 유발의 유용한 요인이다. 노숙인들은 반복되는 실패로 무기력한 상태다. 자기 스스로 무엇을 할 수 있는지, 과거에 어떤 일을 해냈는지 기억조차 못할 만큼 좌절의 늪에 빠져 있다. 이때 '과거의 성공 경험'으로 장점을 현재에 끌어내는 활동을 할 수 있다. "손재주가 있으셨네요. 눈썰미 하나는 최고시네요. 공원을 보고 수목 배치를 알아내셨군요. 사람을 활용하는 솜씨가 남달랐군요. 무슨 일이든 스스로 개척하는 분이군요" 등의 성공 경험과 시도한 모습의 의견을 나누는 것은 꺼져가는 불씨에 바람을 불어넣는 것과 같다. 이렇게 지속적인 활동을 하다 보면 스스로 불씨가 살아있다는 것을 느낄 수 있다. 활동 속에서 '시도한 일'을 되새기면 참여자들은 긍정적인 방향으로 마음을 돌릴 수 있다. 그 능력을 집단원들이 그의 가치와 연결해 인정하기를 하면 자신의 강점을 발견할 수 있다.

- 엔딩 -

구호! 부정어를 사용하지 말자

강점 발견하기

가치 구체화하기

| 활동 6. | 시도하는 내 모습 탐색하기 |

세션	6
활동	시도하는 내 모습 탐색하기
목표	변화의 걸림돌을 탐색해 행동 실천의 걸림돌 제거하기
활동 내용	· 변화의 걸림돌 다루기 · 변화의 걸림돌 알아차리기 · 변화의 걸림돌 제거하기 · 변화의 수레바퀴에서 빠져나오기
의사소통 카드 활용	· 가치 카드 · 열린 질문 카드 　- 관계를 여는 질문 　- 탐색을 돕는 질문 　- 유발을 돕는 질문

여섯 번째 활동은 목표를 시도하는 내 모습을 보면서 변화를 향한 길의 걸림돌을 알아차리고 제거하는 활동으로 구성했다. 초점 맞추기인 네 번째부터 여섯 번째까지의 활동에서도 신규 참여자가 진입할 경우를 감안했다. 특히 노숙인들의 공통 이슈인 양가 감정을 탐색하기 위해 관계 질문과 함께 탐색 질문을 병행한다. 예를 들어 "당신의 변화된

모습을 누가 가장 기뻐할까요?", "어떤 기대를 하나요?", "당신에게 문제가 없었을 때는 언제였나요?", "현재 상황을 어떻게 생각하나요?" 등의 탐색 질문을 통해 대상자가 양가감정을 탐색하도록 구성한다.

변화의 걸림돌은 불안, 잘못된 습관, 의존성 등의 모습으로 나타난다. 이와 같은 걸림돌이 자율적인 욕구를 좌절시켜 심리적으로 어려움을 겪는데 이는 오랫동안 굴욕과 조롱을 받으면서도 살아가려는 의지를 세우지 못한 데서 기인한다. 삶의 욕구와 의지가 꺾이면 다른 사람을 인정하는 데도 어려움을 겪는다. 이런 습관은 자신을 통제하지 못하고 의기소침한 모습으로 나타난다.

자기조절 능력은 자율성 욕구로부터 동기화된다. 자율성 욕구는 행동을 결정하는 주체가 자신이라고 느끼려는 욕구, 즉 행동의 주체와 원인이 자신이라고 느끼고 자신을 행동의 조절자라고 믿는 것이다(Deci & Ryan, 2002).

사람은 적절한 환경이 제공될 때 '참 자기'를 성취하고 계속 성장한다. 참 자기의 구성 요소는 자신의 정신 내적 이미지와 다른 의미 있는 이미지와 관련 있는 감정, 그런 이미지의 지배를 받는 행동 능력과 관련 있는 감정이다(Greenberg & Mitchell, 1983).

개인이 행동할 때 자기조절을 잘할 수 있다고 믿는 자기효능감은 목표가 있는 수행 상황에서 목표 달성에 필요한 자기조절 전략이나 기술이 얼마나 효과적이라고 생각하는지에 대한 확신 정도를 의미한다. 자기효능감이 높을수록 도전적이고 어려운 목표를 선호한다. 높은 목표는 높은 수행을 가져오고 그 결과는 긍정적인 정서 반응으로 나타나 다시 높은 효능감을 느끼게 한다(Bandura, 1986, 1997, 2017; Locke & Latham, 1990; Schunk, 1991).

WHAT

여섯 번째 활동에서는 한 편의 시를 읽으며 현재 자신이 시도하는 모습을 돌아보며 의견을 공유할 수 있다. 시도가 계속 실패로 끝나는 경우가 있다. 그 이유를 살펴보면 원하는 목표의 성취를 가로막는 걸림돌이 있다. 이때 걸림돌을 알아차리지 못하면 같은 실수를 반복한다. 변화의 걸림돌을 알아차리고 제거해 변화의 수레바퀴에서 빠져나오기 위한 활동이다. 이 회기의 활동은 변화의 걸림돌 다루기, 알아차리기, 제거하기, 변화의 수레바퀴에서 빠져나오기 등이다.

HOW TO

액션 1. 변화의 준비 정도 확인하기

먼저 내가 탈 노숙을 시도했을 때 준비된 것이 무엇인지 의견을 공유한다. 먼저 점검할 요소는 다음과 같다. 직업이나 기술, 주거(주거지), 경제적 능력(현재의 재력으로 생활할 수 있는 기간), 정보(사회적 지지자원, 활용 능력), 교육(정기적인 교육 프로그램) 등 주변 인프라가 많이 준비되어 있다는 사실을 확인한다. 그렇다면 현재 상황에서 어떤 시도를 하고 있는지 의견을 공유한다.

풀어가기

"실업급여를 신청하는 방법을 말씀해 주세요. 직장에서 퇴출당했을 때 도움을 어떻게 받나요? 중독증상이 심할 때 어디서 도움을 받나요?" 등의 질문으로 삶의 의지, 정서적 안정, 변화 동기, 주변 자원 활용 능력 등 현재의 자원으로 직업, 주거, 정보, 교육 등 주변 복지 시스템을 활용할 수 있는 자기 통제력을 얼마나 갖추고 있는지 의견을 공유한다. 이때 자립 의지, 정서적 안정, 변화 동기 등이 얼마나 구체적인지 확인할 수 있다. 시도하고 있지만 변화가 없다면 지도 방법, 내용 등이 변화와 상관없이 겉돌기 때문이다. 이때 현재의 시도를 구체화할 활동이 필요하다.

액션 2. 자서전 읽기

'다섯 장의 짧은 자서선' — 포샤 넬슨 Portia Nelson

풀어가기

1장 나는 길을 걷고 있었다. 길 한가운데 깊은 구덩이가 있었다. 나는 그곳에 빠졌다. 어쩔 줄 몰랐다. 나는 무기력하다. 그건 내 잘못이 아니었다. 구덩이에서 빠져나오는 데 오랜 시간이 걸렸다. 1단계로 인식 전 단계다. 이 단계에서는 "나는 어디에 있는가?"라는 주제로 의견을 공유한다. 이때 참여자들은 노숙생활을 하게 된 계기를 털어놓는다. 그동안 변화를 위해 시도한 것을 말하며 스스로 좌절한 모습을 되돌아본다. 겨우 버티며 살아온 모습을 다룬다. 자신의 실수를 인정하고 싶지 않고 노숙생활이 반복되는 이유를 인식하지 못한 단계다.

2장 나는 다시 그 길을 걷고 있었다. 길 한가운데 깊은 구덩이가 있었다. 못 본 체했다. 나는 다시 거기에 빠졌다. 내가 똑같은 곳에 다시 빠졌다는 사실이 도저히 믿어지지 않았다. 하지만 그건 내 잘못이 아니다. 거기서 빠져나오는 데 역시 오랜 시간이 걸렸다. 2단계에서는 인식은 했지만 변화할 준비를 못 하고 노숙생활을 반복하는 데 대한 의견을 공유한다. 2단계, '나는 어떻게 버티고 있는가?' 문제가 뭔지 알지만 노숙생활이 반복되는 이유를 말한다.

3장 나는 그 길을 다시 걷고 있었다. 길 한가운데 깊은 구덩이가 있었다. 나는 그 구덩이가 있는 것을 보았다. 하지만 또 거기에 빠졌다. 빠지는 것은 습관이었다. 나는 비로소 눈을 떴다. 지금 내가 어디에 있는지 알았다. 그건 내 잘못이었다. 나는 곧바로 거기서 빠져나왔다.

3단계 변화 준비 후 행동 실천 경험
변화를 인식하고도 쉽게 변화하지 못한 것은 습관 때문이었다는 사실을 깨닫는 단계다. 노숙생활 동안 자신도 모르게 의기소침하고 무기력한 모습을 보며 습관적으로 위축된 자신을 돌아보는 경험을 통해 참여자들은 노숙생활을 지속한 이유는 자신의 몸에 밴 습관이었음을 깨닫는다.

4장 나는 그 길을 다시 걷고 있었다. 길 한가운데 깊은 구덩이가 있었다. 나는 그곳을 피해 갔다. 4단계 행동 실천 경험을 통해 실천 방법에 대한 의견을 공유한다. 참여자들의 목표이기도 하지만 행동 실천이 안 되는 이유를 말한다.

5장 나는 이제 다른 길을 걷고 있다. 5단계 회전문 탈출 후 유지 단계

이 시를 읽은 소감을 적어보고 의견 나누기. 자신은 몇 장에서 '구덩이'를 피해 갔을까?, 그렇게 했다면 지금 어떻게 되었을까?, 변화란 내게 어떤 의미인가?, 변화를 위해 노력했던 적은 언제인가?, 현재 자신은 어디에 있는가? 의견을 나눈다.

- 엔딩 -

구호! 꿈을 미루지 말자

변화의 걸림돌 알아차리기

가치 구체화하기

활동 7. 행동 실천 준비 정도 확인하기

세션	7
활동	행동 실천 준비 정도 확인하기
목표	행동 실천 준비 정도를 파악해 구체적인 행동 대안 찾기
활동 내용	· 변화의 자신감 찾기 · 행동 실천 의지 5분 인터뷰 · '미운 나' 바꿔보기 · 구체적인 행동 대안 찾기

의사소통
카드 활용
	· 가치 카드
	· 열린 질문 카드
	  – 관계를 여는 질문
	  – 탐색을 돕는 질문
	  – 유발을 돕는 질문

일곱 번째 활동은 참여자의 행동 실천 준비 정도를 파악해 구체적인 행동 대안을 찾는 활동이다. 행동을 실천하는 데 걸림돌이 되는 '미운 나'를 바꿔보고 과거의 잘못된 선택으로 실패를 반복했던 자신의 구체적인 행동 대안을 찾는 활동이다. 이런 활동을 통해 자신에 대한 불신을 해소하고 '자신을 믿는 용기'를 낼 때 비로소 행동 실천을 위한 준비

를 할 수 있다.

'구슬이 서 말이라도 꿰어야 보배다', '부뚜막 소금도 넣어야 짜다'라는 속담은 행동 실천의 중요성을 강조한다. 노숙인들이 가장 두려워하는 것이 바로 행동 실천이다. 한때 남부럽지 않던 모습을 생각하면 변화는 절실하지만 막상 변화를 위한 행동은 하지 않는다. 따라서 촘촘한 행동 실천 준비를 확인하고 점검해야 한다. 탈 노숙생활을 위해 아이디어를 짜내고 행동 실천 계획을 세워도 막상 행동에 옮기려면 두려움이 밀려온다. '또 실패하지 않을까?', '사람한테 당하지 않을까?', '다시 노숙생활을 할 지경이 되면 어떻게 할까?', '어렵게 얻은 직장에서 싫은 소리하면 어떻게 할까?' 등의 두려움이다. 하지만 두려움 때문에 실천하지 않는다면 변화는 기대할 수 없다. 노숙생활이 만성화되는 이유도 그것이다. 노숙인은 집과 돈만 있으면 아무 걱정 없다고 생각한다. 하지만 활동을 진행해보면 정작 노숙인에게 필요한 것은 집과 돈이 아닌 자기 통제력이다.

자기 통제력은 자신감에서 생긴다. 자신감은 스스로 해낼 수 있는 자기주도적 동기부여의 힘이 있다. 노숙인들은 오랫동안 갈등과 혼돈, 좌절 속에서 방황하다가 스스로 통제할 수 없는 자신을 발견하고 좌절한다. 복잡하게 얽힌 양가 감정 속에서 자신의 소중함과 인생의 가치를 어둠 속 한 줄기 희망처럼 찾아보면 이대로 여생을 보낼 수 없다는 생각에 변화를 위한 행동을 결단한다. 하지만 과거의 아픈 기억이 발목을 잡아 수없이 쓰러지고 일어서기를 반복한다. 이때 변화를 위해 어떤 준비를 하는지 도와주는 활동이 필요하다.

변화를 향한 결단이 섰을 때는 즉시 단호하게 하되 참여자의 자발성이 훼손되지 않도록 해야 한다. 척도 질문을 통해 행동 실천 준비 정도를 확인한 후 실천을 가로막는 '미운 나 버리기' 활동을 통해 행동 실천 준비를 강화한다. 노숙인에게는 변화를 가로막는 걸림돌이 많으므로 반드시 누군가의 도움이 필요하다. 주변 자원을 효과적으로 활용하는 데는 자기 통제력이 중요하게 작용한다.

WHAT

변화의 자신감을 찾기 위해 얼마나 준비되었는지 확인하

는 활동이다. 준비 정도를 구체적으로 확인하기 위해 수치로 나눠보는 활동이다. 변화가 매우 중요하다면 10점, 중요하지 않으면 0점이다. 하지만 자신감은 자신(自身)으로부터 나온다. 주어진 상황, 성격, 걱정은 사람들마다 다르므로 자신의 가치를 누가 결정하는지 염두에 둬야 한다. '괜찮다', '가치가 있다'를 누가 인정하느냐의 문제가 자신감의 척도가 될 수 있다. 이는 '가치와 유능성'을 자신에게 돌려 변화에 대한 구체적인 행동 실천을 준비하는 데 유용하게 활용될 수 있다. 그러므로 결단 후 그 준비 정도는 어떤 조건이나 말미를 두지 말고 즉시 확인해야 한다. 변화 행동이 얼마나 중요한지 묻는 척도 질문과 '미운 나 버리기' 활동을 통해 경험할 수 있다.

HOW TO

액션 1. 척도 질문하기

척도 질문은 열린 질문 카드(탐색 질문, 유발 질문)를 다양하게 활용할 수 있다. 탐색을 돕는 질문 카드와 변화 유발을 돕는 질문 카드를 척도 질문과 병행해 변화의 자신감을 찾도록 도와준다.

풀어가기: "바뀌지 않으면 어떤 일이 일어날 거라고 생각하나요?", "당신의 변화를 위해 첫발을 뗀다면 무엇을 하고 있을까요?" 등 유발을 돕는 질문으로 현재의 행동 실천 의지를 확인한다. 척도 질문 중 현재까지 활동하면서 자신감은 어느 정도인지 의견을 공유한다. 자신감을 가늠하는 여러 요인 중 빚과 주거 불안정, 나태와 무기력, 회복되지 못한 관계, 중독이나 도박 습관, 불안정한 고용 등을 이유로 들었다면 그에 대한 의견을 공유한다. 특히 의지와 관련해 '욱'하는 성질, 자존심, 의지 상실, 지나친 낙관주의, 통제 불능의 타성, 나태, 지나친 타인 의식을 들었다면 이런 특성이 생활 속에서 어떻게 나타나고 어떻게 다루는지 의견을 나눈다.

"자, 여러분이 결심한 것을 행동으로 실천하는 것이 얼마나 중요한가요?", "자신감은 어느 정도인가요? 매우 중요하면 10점, 중요하지 않으면 0점입니다", 7~8 정도의 중요성(자신감)을 말한다면 "나머지 3과 2는 무엇인가요?"라며 행동 변화의 중요도와 자신감을 표현하도록 유도한다. 이때 자신감을 찾기 위한 '5분 인터뷰'를 진행한다. 인터뷰 내용은 다른 참여자가 들을 수 있도록 해 집단원의 참여를 독려한다.

"변화를 이루면 무엇이 좋아질까요?", "매우 작은 것이라도 전에 성공했던 경험을 다시 말씀해주세요", "○○○님이 변화하도록 만드는 ○○○님만의 강점, 능력, 재능으로 할 수 있는 것은 무엇일까요?", "지금 실행에 옮길 수 있는 한 가지는 무엇일까요?" 등의 인터뷰를 통해 참여자의 변화 준비에 대한 자신감과 중요성을 점검할 수 있다.

액션 2. '미운 나 버리기'

변화를 가로막는 '나'를 탐색하고 활동을 통해 '미운 나'를 버리는 활동을 진행한다.

풀어가기: "그동안 변화의 수레바퀴 속에 갇혀 있던 '나' 중에서 '미운 나'를 버리는 시간입니다. 무엇이 내 변화를 가로막았고 필요한지 알게 되었습니다. 지금 내 안에 있는 원하지 않는 부분을 버리려고 합니다. 무엇을 버리고 싶은가요?"라고 물어보며 다음과 같은 활동을 안내한다.

① 자신이 만족스럽지 못한 부분들을 적게 한다.
② 풍선에 공기를 한 번씩 넣을 때마다 만족스럽지 못한 부분 때문에 느껴지는 나쁜 감정을 불어넣는다.

③ 더 버리고 싶은 것을 매직펜으로 풍선 겉면에 적게 한다.

④ 풍선을 발로 터뜨리며 자신의 만족스럽지 못한 부분과 그로 인한 안 좋은 감정을 날려버린다(이 활동은 상황에 따라 종이에 적는 방법도 있다. 만족스럽지 못한 부분을 종이에 적어 읽어가면서 종이를 찢어 날리는 방법을 활용할 수도 있다).

"당신은 변화를 위해 지금 무엇을 준비했나요?"라고 질문했을 때 "일단 시설의 규칙을 잘 지키고 있어요", "돈을 아껴요", "건강을 위해 담배를 줄여요", "주말 외출을 자제해요", "취업을 위해 운전학원에 등록했어요" 등 크고 작은 준비 상황을 확인한다. 탈 노숙생활을 시도했을 때 노숙인의 현재 경제 상황, 직업, 주거, 의료정보, 교육 등과 관련해 필요할 때 언제든지 주변 복지 시스템을 활용할 용기와 행동 실천력이 필요하다는 사실을 경험시키는 단계다. 하지만 참여자들이 말하는 주거, 빚, 돈, 직업은 현재 생활 속에서도 이미 갖고 있었다.

변화의 걸림돌은 바로 타성, 낮은 의지력, 지나친 낙관,

불편을 감수하는 나태, 귀찮음, 변화를 싫어하는 것, 지나친 타인 의식, 타인의 태도에 민감한 성격 등이었다. 이와 같은 걸림돌은 하루아침에 생긴 것이 아니라 노숙생활을 하면서 마음속 깊이 밴 습관이다. 변화는 그것에 대한 각성을 유발하는 것이다. 자신의 거품인 풍선을 불면서 여러 번 풍선이 터져 놀란다. 결국 풍선을 불 때마다 버리고 싶은 습관을 생각해 그 위에 쓴다. 버리고 싶은 것들, 어쩌면 자립을 위해 맨 먼저 준비해야 할 것은 이 걸림돌 제거라는 사실을 스스로 깨닫는다. 하지만 이 걸림돌을 움직이는 것은 참여자들의 상처받은 마음이므로 활동을 통해 스스로 의지를 세워 결단하도록 도와주는 활동이다.

참여자들은 자신에게 주문을 걸었다. "○○○! 너, 앞으로 게으른 습관, 지나친 긍정, '어떻게든 되겠지'라는 타성을 버리자!"라며 풍선을 터뜨린다. 활동을 통해 다음 회기, 즉 세상 밖으로 행진한 자신의 모습을 활동할 때까지 얼마나 실천했는지 확인하게 된다. 즉, 습관을 생활 속에 녹이는 데 활용하게 된다. 재능을 드러내는 표식은 그것을 성취하겠다는 담대한 용기다. 벤자민 프랭클린은 이렇게 말했다. '자신의 능력을 감추지 말라. 그늘 속 해시계가 무슨 소용인가!'

- 엔딩 -

구호! 나를 믿자

변화의 준비 정도 확인하기

'미운 나' 버리기

활동 8. 습관을 생활 속에 녹이기

세션	8
활동	행동 습관을 생활 속에 녹이기
목표	구체적인 행동 실천 계획 세워 표현하기
활동 내용	· 내 인생의 눈부신 하루 일정 나누기 · 지금 이 순간 '이것만은' 소감문 쓰기 · 자신의 가치와 시간의 소중함 나누기 · 결단 공고히 하기 · 카드활동 소감 나누기

의사소통
카드 활용
	· 가치 카드
	· 열린 질문 카드
	  – 관계를 여는 질문
	  – 탐색을 돕는 질문
	  – 유발을 돕는 질문

여덟 번째 활동은 지금까지의 활동 경험을 토대로 습관을 생활 속에서 체화하는 활동이다. 지금 이 순간에 초점을 맞춰 자신의 결단, 준비 정도 등을 생활 속에 녹여내는 단계다.

'이 세상을 떠나야 할 때 사람들은 자신이 지금까지 걸어온 길을 반드시 되돌아본다. 자신의 역사이자 자신을 대변하는 인생길이 매우 만족스러웠다면 미소를 머금고 다음 세상으로 향할 수 있으리라'   – 오츠 슈이치 –

'비극은 젊어서 죽는 것이 아니라 75세까지 살았지만 단 한 번도 진정으로 살지 않았다는 것이다'   – 마틴 루터 킹–

 습관을 들여 생활 속에 녹이는 것은 구체적인 계획으로 마음속 변화의 의지가 발동해 결단할 때 생긴다. 1년 이상 노숙생활이 지속되면 삶의 의욕이 급격히 떨어져 생활인으로서 노숙인으로 살아간다. 습관을 생활 속에 녹이려면 촘촘하고 지속적인 활동을 통한 연습이 필요하다. 물론 상처 난 마음이 치유를 통해 의지와 결단이 생겼을 때 행동으로 이어진다. 대부분 부정적인 습관을 긍정적인 습관으로 바꾸려면 약 30일 동안의 지속적인 시도가 필요하다고 한다. 하지만 그 시도의 효과는 평생 간다는 사실을 명심해야 한다.

WHAT

 여덟 번째 활동은 습관을 생활 속에 녹이기 위해 참여자의 행동 실천 계획을 세우는 것이다. 변화를 위해 그동안 다양한 활동을 진행해왔다. 이제 생활 속에서 실천하느냐만 남았다. 결단해 준비해왔다면 구체적인 활동 계획을 세우는 것이 행동 실천을 촉진할 수 있다. 이때 활동은 인생의 마지막 하루 나누기, '지금 이 순간 이것만', 인생의 가치와 시간의 소중함 등을 통해 결단을 공고히 하고 구체적인 행동 실천 계획을 세우는 것이다.

HOW TO

액션 1. 내 인생의 '눈부신 하루' 일정 나누기

이 활동을 통해 ① 인생을 돌아볼 시간을 갖고 ② 변화의 희망을 품도록 도와주고 ③ 마음속에 품었던 삶에 대한 욕망을 돌아보고 ④ 앞으로 생활 속에 어떻게 적용할지 의견을 나누며 구체적인 계획을 세울 수 있다.

타임 테이블에 인생의 마지막 24시간을 기록하고 시간대별 활동 내용을 적어보는 시간을 갖는다. 하루 동안 하고 싶은 일을 적다 보면 시간의 소중함, 지난 삶의 과정의 아쉬운 점을 돌아보고 무엇보다 생활 속에서 어떻게 실천하며 살아갈지 계획을 세울 수 있다. "나머지 시간을 어떻게 보내고 싶은가요?" 등의 질문으로 변화를 위한 시간을 나눈다. 시간은 보내는 것이 아니라 배를 타고 바다를 건너듯 '자신' 이 건너는 것, 시간은 모두에게 공평한 선물, 시간을 소중히 여기고 주체적으로 활용하는 것의 의미를 되새길 수 있다.

"지난 회기에 처음 활동을 시작할 때의 자신감과 회기가 지난 후의 자신감 변화를 알아보고 '미운 나'를 버리는 작업을 했습니다. '미운 나'를 버린 후의 삶이 어땠는지 궁금합니다" 등의 질문으로 구체적인 행동 실천 계획을 수립할 수 있다. 이때 참여자들은 자신의 인생이 어땠는지, 아쉬운 점은 무엇인지, 앞으로 행동 실천 계획을 수립해 이행하는 것이 얼마나 절박한 문제인지 인식하는 데 도움을 받을 수 있다. 이 활동은 평소 시도한 10가지 경험을 활동지에 적고 표현한다. 이때 변화를 가로막은 경험을 말하며 새로운 결심을 기록지에 적는다. 이 활동은 매우 촘촘히 천천히 진행한다. 마음속 깊은 데서 자발적으로 우러나온 결단과 의지가 행동으로 옮겨질 가능성이 크기 때문이다.

액션 2. '지금 이 순간 이것만은' 소감문 쓰기

두 번째 활동은 인생의 마지막 순간이 도래했다면 지금

이 순간 놓치고 싶지 않은 단 하나의 가치를 찾아 소감을 작성하는 활동이다. 이때 생전에 놓치고 싶지 않은 가치 하나를 선정해 '나만의 소감문'을 쓰고 여러 사람 앞에서 다짐한다. 이때 필요한 질문이 바로 탐색 질문이다.

"더 말씀해주세요. 당신의 변화된 모습을 누가 가장 기뻐할지 궁금합니다", "어떤 기대를 하고 있나요?", "기적이 일어나 당신의 문제가 해결된다면 그 후 어떻게 살고 싶나요?", "현재 상황을 어떻게 생각하나요?", "걱정되는 점은 무엇인가요?", "생각대로 안 될 때는 어떻게 하실 생각인가요?", "어떻게 그렇게 확신할 수 있나요?" 등의 탐색 질문은 구체적인 계획을 공고히 해 행동 실천을 유발할 수 있다.

풀어가기: "이제는 더 이상 개떡들에게 당하고 싶지 않아요", "하나님께 사죄드리렵니다", "고마운 친구와 우정을 나누며 살고 싶습니다", "더 웃을 거고 부모님께 떳떳한 아들이 될 거예요", "내가 하고 싶은 일(보석을 찾아 세공하는 것)을 계속하고 가르치며 살고 싶어요", "펜팔로라도 연애 한 번 해보고 고마운 누나에게 용돈 주는 동생이 되고 싶어요", "딸을 꼭 한 번 제대로 보고 싶어요", "미안한 아우와

밥먹고 편하게 술 한 잔하고 싶어요"'나중에 탈 노숙생활에 성공해 자립하면'이라는 전제하에 쏟아낸 말들이다.

'진짜 나'를 바라보는 것은 오랫동안 동굴 속에서 숨어 살다가 햇빛을 보는 것과 같다. 어두운 동굴 속에서 살다가 세상에 나오면 눈이 부셔 모습을 제대로 볼 수 없고 '진짜 나'의 모습이 무엇인지 혼란스러울 수 있다. 작지만 소중한 꿈이 현실이 되기 위해 넘어야 할 장애는 오랫동안 몸에 밴 습관을 깨고 '진짜 나'의 참모습을 찾아가는 것이다.

댄 자드라의 〈파이브〉에 이런 말이 나온다. '세계 최고 부자, 한국 야구를 주름잡은 최고의 선수, 미스코리아 진으로 뽑힌 미녀, 노벨상이나 퓰리처상 수상자, 아카데미 여우주연상과 남우주연상 배우, 월드시리즈 우승팀 등 과거의 헤드라인을 기억하는 사람이 있는가? 우리 중에는 없다. 박수갈채는 오래 전에 사라졌고 트로피 색은 바랬다. 눈부신 업적은 잊히고 영광스러운 포상과 상장은 그들과 함께 묻힌다. 하지만 기억하라. 학창 시절 도움을 주신 선생님, 힘든 시간 도와준 친구, 진정한 가치를 보여준 사람, 당신을 특별한 존재로 느끼게 해준 사람, 함께 즐겁게 지낸 사람, 영감을 준 소설 속 주인공 등 삶에 변화를 일으킨 사람은 당신을 아끼고 사랑했던 사람이다. 유명하고 돈 많고 큰 상을 받은 사람이 결코 아니다'

현재 만나는 사람, 소속된 일터, 추구하는 일이 변화의 동기이자 시작점이다. 세상의 지식을 모두 섭렵하고 천국의 비밀까지 알아냈더라도 지금 선택하고 집중해 행동하지 않는다면 무슨 소용인가. 그동안의 활동을 생활 속에 녹여내는 것이 중요한 이유가 여기에 있다.

- 엔딩 -

구호! 'Life Is Live(삶은 생방송이다)'
행동 실천 계획을 세워 표현하기
습관을 생활 속에 녹이기

Chapter 5

길 위에서 길 찾기

진정으로 걱정해야 질문이 나온다

"지난번 치료받은 데는 어떠세요?", "결혼식은 잘 다녀오셨어요?", "누나가 조카를 데리고 면회 왔다던데 잘 만나셨어요?", "금주는 어떠세요?", "이번 휴가는 어떻게 보내세요?", "노숙하기 전에 즐거웠던 여름휴가가 궁금하네요", "운전면허 신청하신다고 했는데 어떻게 되었나요?", "공인중개사 시험은 언제에요?", "동생네 집에서 지낸 아버지 제사는 어땠어요?"

걱정하는 마음은 상대방에 대한 깊은 공감의 우물과 같다. 상대방을 걱정하는 방법 중 관계를 형성하고 그의 동기를 탐색해 변화의 동기를 유발할 수 있는 기술이 열린 질문이다. 열린 질문을 하기 전에 그와 함께 근심스러운 표정으로 머물러주는 것이 좋겠지만 무한정 머물 수 없을 때는 걱정을 질문하는 것이 상대방에게 도움이 될 수 있다. 이때 질문은 사실 확인 질문보다 상황에 대한 솔직한 심정이 좋다. 주의할 점은 진심으로 걱정해야 한다는 것이다.

초점은 역시 상대방의 동기다. 아무리 사무치는 걱정도 상대방에게 필요 없는 걱정은 오지랖을 넘어 민폐다. 시점은 최근 것이 바람직하며 현재 시점 가까이 당길수록 좋다. 시난 회기 활동에서 느낀 부분을 짚어보는 것도 상대방을 진심으로 걱정한다는 표시다. 치료 중인 상처, 노숙인으로 정장을 차려입고 다녀온 자녀 결혼식, 가족 면회, 현재 단주, 금연 진행 상황, 노숙인 신분으로 느끼는 휴가의 의미, 자립을 위해 준비 중인 자격 과정 등 피부에 와 닿으면서 실질적으로 필요한 부분을 걱정하는 것은 상대방의 통장 잔액을 묻는 것만큼 선명하고 실질적이다. 물론 이와 같은 걱정을 할 때는 열린 질문과 반영을 적극적으로 활용하면서 잘한 일에는 격한 인정하기를 쏟아부어야 한다.

명절이 두려운 적이 있었다. 버선발로 반겨주는 어머니를 잃은 후 수년 동안 반복된 두려움이었다. 대학 1학년 기숙사 생활을 할 때 여지없이 명절이 찾아왔다. 연휴 동안에는 기숙사를 오픈하지 않는다는 공지가 붙었다. 하지만 큰형 집에는 가고 싶지 않았다. 여러 가지 이유가 있지만 거기가도 어머니가 없는 명절은 미늘 없는 낚시처럼 밋밋하고 팥 없는 찐빵처럼 싱겁고 목만 메였다. 나는 명절 기간 동안 술이나 마시면서 찜질방이나 고서점을 기웃거리며 보낼 작정이었다.

그때 작은형에게 편지를 썼다. '형, 나 이번 명절에는 집에 안 가요. 이유는 묻지 마세요' 그러자 작은형은 장문의 편지를 보내왔다. 특유의 삐침 서체를 보자마자 형님 편지라는 것을 알았다. 편지는 추석 이틀 전 도착했다. '네가 객지에서 얼마나 서운하고 막막하면 집에 안 오겠다고 말했겠냐. 전날 내가 대구역에 가 기다릴 테니 나랑 큰집에 가자' 라는 내용이었다. 한가위도 감나무가 주렁주렁 열린 시골집에 있을 때나 한가위였다. 고향 집을 떠나 도시에서 맞는 한가위는 허전했다. 하물며 어머니의 버선발이 없는 한가위는 가슴에 보름달만한 구멍이 난 것만 같았다.

그날 작은형의 걱정을 잊을 수가 없다. '서운하고 막막하니 내가 함께 가겠다'라는 구절을 읽으며 그날 저녁 내내 울었다. 그리고 그 걱정의 힘으로 졸업할 때까지 버틸 수 있었다. 등록금이 없으면 한해를 쉬며 등록금을 모으고 시시때때로 아르바이트를 하면서도 섣불리 학업을 포기할 수 없었다.

진심으로 걱정해주는 누군가의 한마디 질문만으로도 우리는 힘겨운 고비를 넘길 수 있다. 하지만 그 질문은 진정으로 다가와야 한다. 눈도 바라보지 않고 건성으로 하는 안부성 걱정 실문은 오히려 비아냥으로 들릴 수 있다. "차비가 얼마나 한다고 안 오냐?", "형제가 몇이나 된다고 명절 때도 못 모이냐?", "형수가 맛난 거 많이 만들어뒀다. 한 해에 한 번뿐인 명절에 집에 오지 않는다는 게 말이 되냐?" 등은 모두 형제를 빗댄 자신들의 주장이자 강요다.

정보를 얻기 위해 사실을 묻는 말과 감정을 묻는 질문을 혼동할 때가 있다. 특히 감정을 묻는 질문을 사실을 캐묻듯 사용하면 질문은 비난, 충고 심지어 비아냥으로 들릴 수 있다. 특히 노숙인에게 질문할 때는 그들의 현재 마음이 다치지 않도록 주의해야 한다. "이곳 시설에 어떻게 오시게 되었나요?", "아! 그렇군요. 힘든 일이 있으셨네요. 지금 마음은 좀 어떠세요?"와 같이 마음에 손상이 가지 않도록 질문해야 한다. 설령 그가 알코올 중독 치료 중이거나 말할 때마다 역한 담배 냄새를 풍기더라도 상대방을 섣불리 판단하거나 짐작해 넘겨짚는 질문은 공감을 받는 느낌을 상대방에게 줄 수 없다.

동기 면담 프로그램 활동이 있는 날은 간단한 간식을 준비한다. 술과 담배에 찌든 몸을 위해 유산균 요구르트는 필수품으로 준비한다. 따라서 동기 면담 프로그램을 실시하는 날은 '요구르트 날'로 정했다. 그리고 고정 레퍼토리로 전하는 말이 있다. '여러분의 인생이다. 나는 도와주러 왔다. 어떤 변화의 이익도 여러분 각자의 것이다. 변화를 선택하는 것도 여러분 몫이다. 나는 계속 걱정하고 있다' 활동을 통해

1. 진정으로 걱정해야 질문이 나온다

성급히 변화를 기대하거나 변화하지 않는 대상자를 판단하면 걱정하는 질문을 할 수 없다. 참여자들은 자신에게 크게 실망했고 앞으로도 실망할 준비를 하고 있기 때문이다. 겨우 울음을 참고 있는 어린아이의 마음처럼.

걱정을 질문할 때 주의해야 할 것이 있다. 노숙인은 '게으르다, 무기력하다, 더럽다, 안이하다, 인생을 열심히 살지 않았다, 할 일은 얼마든지 있다, 의지의 문제다, 동기를 유발해야 한다' 등의 생각은 걱정 질문을 가로막는 선입견들이다.

지난 활동에서 담배를 절반으로 줄이기로 한 대상자에게 질문할 때 "어떠셨어요? 지난번 만났을 때 기침 때문에 담배를 줄이기로 했는데 일주일 동안 흡연은 어떠세요?"라고 약속한 부분을 잊지 않고 물어줘야 걱정 질문이 된다. 가뜩이나 자신도 믿을 수 없는 대상자들에게 약속을 늘어놓고 다음에는 모른 척하거나 두루뭉술 넘어가면 대상자들은 금방 눈치챈다. '나를 걱정하지 않는구나. 걱정하는 척 입으로만 떠벌리는구나'라고 생각하게 된다. 제대로 된 질문을 하려면 상대방을 진심으로 걱정해야 한다.

명절 때 어머니 얼굴을 꼭 보고 싶다던 A 씨는 마을 어귀까지만 도착해 먼 발치로 어머니를 바라보다 돌아왔다고 한다. 그의 무거운 발걸음이 걱정되어 "그때 어떤 느낌이 들었나요?"라고 묻자 "부쩍 늙으셨고 더 늦기 전에 찾아뵈어야겠어요"라고 대답했다. 하지만 어머니를 떳떳이 볼 날은 묘연하다. 그동안 술과 주식으로 탕진한 손실을 만회하기 위해서는 시설에 거주 가능한 3년 기간에 황폐해진 마음을 추스르며 자신을 돌볼 시간이 필요할 것이다. 이때도 지금 할 수 있는 일, 다음 주에 할 수 있는 일, 다음 명절에 할 수 있는 일을 걱정 질문한다면 관계 형성에 도움이 될 것이다.

A 씨가 한 번도 프로그램에 빠지지 않고 20회 이상 참여한 이유도 걱정 질문 때문이었다. "큰 누님과는 어떻게 지내세요?", "지난 번 다투었던 동료분과는 어떻게 하셨나요?", "서운한 마음은 좀 어떠세요?", "이번 여름휴가는 어떠셨나요?", "어떤 생각이 들었나요?", "어떤 기분이신지 궁금하네요" 등 진심어린 걱정 질문을 하는 것은 상대방에게 깊은 공감을 표현하는 것이다. 상대방을 진정으로 걱정해줄 때 비로소 걱정하는 질문을 할 수 있다.

1. 진정으로 걱정해야 질문이 나온다

2

감정은 달라도 상관없다

걱정 속에는 감정이 들어 있다. 백주 대낮에 하면 안 될 말을 해버리는 경우가 있다. 아무리 화가 나도 넘으면 안 될 선이 있는데 그 선을 불쑥 넘으면 마음은 씻을 수 없는 상처를 입을 수 있다. 마음이 파국을 맞는 장면은 주변에서 흔히 볼 수 있다. 연인 사이에 내가 선물한 것을 내놓으라는 말, 가난한 부모에게 해준 게 뭐냐라는 말, 수십 년 동안 상담 공부를 해온 어머니가 아들에게 쏘아붙이는 '너는 왜 그렇게 안 변하니?'라는 말, 계약직 인턴사원에게 농담조로 '계약직이 다 그렇지 뭐'라는 말은 듣는 입장에서는 피가 거꾸로 솟고 사람에 대한 실망감을 안겨주고 의기소침하게 한다. 이처럼 감정을 건드리는 아픈 한마디는 듣는 사람으로 하여금 '나는 이 정도밖에 안 되는 인간인가?'라는 자괴감을 갖게 한다. 상처입은 마음은 속 깊이 숨어 있던 감정을 동원해 몽니를 부리기 시작한다. 평소 조용하던 사람이 상상을 초월할 만큼의 분노를 폭발시키며 주변 사람을 힘들게 한다면 '그는 마음이 많이 아프구나'라고 생각하면 틀림없다. 이런 행동이 계속되면 사회 부적응자, 범죄자나 결국 정신이 상자가 되기도 한다.

우리가 살아가면서 진심으로 하지 못하는 말들이 있다. 상황을 있는 그대로 받아들이는 일명 '구나' 화법이다. "그랬구나, 얼마나 힘들었을까!", "세상에! 지쳤구나", "많이 아프셨구나", "비를 피하기 싫을 만큼 슬펐구나", "재미는 있었지만 마음은 불편했구나", "될 대로 되라는 심정이었구나", "잘 해내고 싶었구나"

그런데 이런 말들을 왜 그렇게 하기 힘들까? 그건 마음의 여유가 없기 때문이다. 다른 사람의 마음을 헤아릴 마음의 여유가 없는 사람은 자신의 마음부터 돌아봐야 한다. 자신의 감정을 이해하는 마음이 차고 넘쳐야 타인의 감정이 내 감정과 다를 수 있다고 인식하고 상대방의 감정 상태를 물어볼 여유가 생긴다. 그릇이 있어야 물을 담을 수 있는 것과 같은 이치다.

　상대방의 감정은 여유, 즉 마음의 그릇이 있어야 담을 수 있다. 사람들은 감정을 옳고 그름의 이중잣대로 재는 오류를 쉽게 범한다. 사실은 하나지만 그 사실을 통해 느끼는 감정은 사람마다 다르다. 이 다름의 차이에 대한 인정에서 상대방을 걱정하는 질문이 나올 수 있다. 하지만 종종 많은 사람이 이 차이를 차별로 사용한다.

　노숙인을 바라보는 시각도 마찬가지다. 상대방을 이해하기도 전에 게으르고 무기력하고 더럽고 냄새나는 사람이라는 편견을 가지면 상대방은 자신의 생각을 말할 틈도 없이 감정이 무시되기 일쑤다. 이렇게 상처받은 감정은 습지에서 한 번도 햇빛을 못 본 채 살아온 벌레가 양지로 나오기 어려운 것처럼 세상에 적응하기 어려워진다. '변화를 돕는 의사소통 카드' 활동은 프로그램 흐름에 따라 이 감정에 주목했다. 새해에는 한 해를 맞는 감정을 노출하는 데 시간을 할애한다. 한 해를 맞는 소감, 부모, 가족, 친구에 대한 감정을 물어본다. 아직 준비 중이니 잘 버텨야 한다는 것이 한결같은 마음이다. 하지만 그 마음 속에 들어가 한 걸음 더 질문하면 그의 감정을 만날 수 있다. '딸이 얼마나 컸을까?', '아내는 지금 어떤 마음일까?', '누이를 본다면 무슨 말을 할까?', '올해는 이 마음을 어떻게 할까?' 등 한 걸음씩 자신을 노출시킨다. 감정 표현은 자발성에 근거하지 않으면 겉돌기 마련이다. 진심으로 걱정하는 마음으로 질문해야 한다. 잘게 쪼개 상세히 물어봐야 한다. "딸이 뭐라고 대답할까요?", "그때 딸의 마음은 어떨까요?", "지금 아내의 마음은 어떨까요?", "서운한 아내를 위해 당신이 보여줄 수 있는 것은 무엇일까요?" 물이 높은 데서 낮은 데로 흐르듯 마음도 온기가 있는 곳으로 흐른다. A 씨는 마을 어귀에서 바라

2. 감정은 달라도 상관없다

본 어머니를 이번 추석에는 직접 뵙고 싶다고 표현했다. 마음은 표현할 때 행동할 용기가 생긴다.

다음은 인디언 이야기다. '내 가슴 속에서 늑대 두 마리가 싸우고 있다. 한 마리는 화가 나 복수심에 가득 차 폭력적이고 또 한 마리는 사랑과 동정의 마음을 갖고 있다' 아이가 물었다. "어느 늑대가 할아버지 가슴 속에서 이길까요?" 할아버지가 대답했다. "내가 먹이를 주는 놈이지" 감정은 항상 떼지어 먹이를 쫓는 하이에나와 같다. 염치도 없고 눈치도 안 보고 먹이도 안 가린다. 먹고 사는 데만 집중해 튼튼한 이로 물어뜯는다.

모유 중에 하이에나의 젖이 가장 진하고 영양이 가장 풍부한 것도 이유가 있는 것 같다. 감정은 하이에나 떼와 같다. 먹이, 즉 열린 질문만 있으면 언제든 달려들 준비가 되어 있다. 굶주린 채 먹이를 찾아 헤매는 하이에나와 같이 감정은 질문에 굶주려 있다. 이때 "왜 배가 고프니?", "넌 이런 고기는 못 먹지", "체면이 있지. 남이 어떻게 생각할까?" 등과 같은 넘겨짚기식 닫힌 질문은 하이에나에게 아무 감흥도 줄 수 없다. "여기 먹이 있다. 어떠냐?"라고 물을 때 감정의 하이에나는 행동한다. 감정을 물을 때는 온전히 그것에 집중해야 수많은 감정 중 지금 여기서 그가 필요로 하는 것을 얻을 수 있다.

감정을 옳고 그름의 잣대로 판단할 때가 있다. 특히 자녀교육에 관심이 많은 서울 강남, 분당 등의 상류층 부모들이 그렇다. 부모가 전문직으로 성공했으니 자녀도 당연히 일정한 성공을 거둬야 한다는 생각 때문인지 자녀는 감정보다 학습 능력 향상에 지나치게 몰입한다. 자녀의 학원 수업 일정, 선생님의 수업 태도, 어학 능력, 성공하는 직업군 등에 지나치게 집중하다 보니 자녀가 어떤 마음으로 학교생활을 하는지, 사춘기를 어떻게 보내고 있는지 물어보지 못하는 경우를 흔히 볼 수 있다. 자녀가 감정을 표현하려고 하면 왜 그런 마음인지 묻기보다 그런 감정을 일으킨 학원 커리큘럼, 강사의 수업기술, 교사의 말투나 태도, 학교 교육정책 등을 맹렬히 비판하며 대답이 늦으면 여지없이 민원창구에 게시해버린다. 질문에 대답할 시간을 빼앗긴 교사는 부모의 태도가 서운하지만 '울며 겨자먹기'로 가슴을 쓸어내린다.

문득 이런 말을 들었다. "요즘 누가 말로 해요? SNS가 있는데. 효과도 좋고 피드백도 빠르고 익명 보장도 되고 일거양득이에요." 하지만 그 과정에서 놓치는 것이 있다. 아이의 감정과 교사의 신뢰도다. 감정을 묻지 않으니 아이는 감정을 표현할 기회도 없이 성장한다. 마음을 하소연할 곳도 없다. 그래서 아이들의 뇌는 이렇게 결정한다. '야! 감정, 너 닥치고 있어. 일단 시키는 대로 해. 해로운 일 시키겠어?' 그렇게 방치된 감정은 언제 터질지 모를 폭탄으로 자란다.

 사람마다 감정은 다르다. "원치 않는 사과였지만 티내지 않고 해내셨네요. 그때 마음이 어땠어요?"라는 인정하기와 열린 질문은 걱정 속에 들어 있는 속내를 표현할 기회를 주고 상대방에 대한 신뢰를 줄 수 있어 숨은 감정을 만날 수 있다. 마음 속에 숨어 있던 감정은 이름을 불러주고 알아줄 때 변화의 동력이 될 수 있다. 감정은 옳고 그름의 문제가 아니다.

3

걱정할 힘이 있어야 걱정해줄 수 있다

 누군가를 걱정하는 것이 조심스러운 세상이다. 타이밍을 못 맞춘 친절은 오히려 큰 화를 부르기도 한다. 사이버 공간에서 각자의 생각을 표출하므로 진실을 찾기도 어렵다. 아픈 사람을 걱정해주기도 조심스러운 세상이다. 물질적으로 풍요로워졌지만 마음은 굶주린 채 허공을 맴돈다. 허약한 마음의 틈새로 찾아드는 작은 걱정하는 마음은 때로는 마중물이 되어 상처난 마음에 큰 위로가 된다. 하지만 누군가를 걱정할 때는 먼저 자신에게 걱정할 힘이 있는지부터 살펴봐야 한다. 자신을 충분히 추스르지 못한 상태에서 베푼 친절은 큰 화를 부를 수도 있다. 영화 〈마담 사이코〉에 자신에게 친절을 베푼 여자에게 광기 어린 집착을 보이는 그레타(이자벨 위페르 분) 이야기가 나온다. 프란시스(클레이 모레츠

분)는 어느 날 지하철에서 발견한 분실 가방을 주인에게 찾아주려고 애쓴다. 작은 선의지만 어쩌면 오지랖의 시작이었다. 그 가방은 그레타의 치밀하고 계획적인 미끼였다. 어머니를 잃은 프란시스의 고독을 교묘하게 파고드는 그레타의 행동은 스토커 수준을 넘어 납치, 감금, 살인까지도 불사한다. 그레타의 치밀하고 침착한 행동은 극복하지 못한 가슴속 외상이 얼마나 무서운 결과를 낳는지를 잘 보여준다.

누군가를 걱정해주고 그 걱정을 삶의 일부로 실천하는 것은 나 자신이 걱정거리였기 때문이다. 어중간한 키에 왜소한 몸집, 우수에 젖은 영혼과 느린 걸음. 살아오면서 "도움이 필요하니 도와주세요"라며 무릎을 꿇고 신발에 술을 마셔본 적이 없다. 일생의 기개를 펼치기 위해 한 번쯤 해야 할 일로 생각하지만 불행인지 다행인지 나는 누구와도 일정한 거리를 유지하는 방법을 알아냈다. 내 공간을 침범하지 않는 사람에게는 그의 공간도 침범하지 않는 것이 옳다는 생각에서였다. 이렇게 일정한 거리를 유지하는 관계는 상대방의 자율성을 존중하고 오랫동안 만남을 지속할 여유를 준다.

세칭 스스럼없다는 명목으로 애매하게 얽힌 관계를 정리

하지 못한 채 항상 분주하게 시간에 쫓기면서도 실속 없는 사람을 자주 봤기 때문이다. 하지만 더없이 고마운 사람을 만나면 가슴이 따듯하게 녹아내리며 속으로 '하나님, 감사합니다'라고 되뇐다. 특히 나를 인정해주면 마음과 정성을 담은 꽃을 선물한다. 장미와 안개꽃을 곁들여 하루이틀 지나면 시드는 꽃이 아니라 꽃무늬가 가득 박힌 옷으로 꽃다발을 대신하는 선물로 감사를 대신한다. 그 꽃이 그의 향기를 더 오래 간직해주길 바라는 마음에서다.

배혜숙 교장선생님은 퇴직하면서 사회에 연착륙했다. 40여 년 아이들을 가르치며 아기가 생기지 않아 죽을 고비도 넘겼다. 그녀는 책이 나와 선물을 전해주면 책값을 챙겨주시며 "우리 작가님, 축하합니다"라며 기뻐해 주셨다. 게임 때문에 늦잠자느라 출석일수가 모자라는 창규네를 방문해 문을 두드리고 택시비를 주고 다음에 일찍 오면 3만 원을 주겠다며 거래를 트기도 한다. 애들 버릇 나빠진다는 사람들에게 이렇게 조용히 되뇌고 삭이셨다. "해보고 그런 말 했으면…"

걱정을 행동으로 옮기는 데 필요한 시간과 돈은 온전히

마음과 주머니에서 나온다. 그러려면 용기가 필요하다. 이때 용기를 뒷받침하는 강력한 힘 '걱정이 의미가 있는지'에 대한 확신이 필요하다. 그 의미는 각자 결정해야 하며 그 힘은 결국 '마음 근육'에서 나온다. '너나 잘하세요. 오지랖 떨지 말고' 적어도 이런 말에 휘둘리지 않으려면 뻔뻔한 '걱정 능력'이 필요하다.

다른 날보다 많이 10여 명의 대상자가 참석한 날이었다. '내 인생의 황금기'를 하나씩 노출하며 시도한 자신의 강점을 인정해주고 반영하는 활동을 진행하는 날이었다. 참여자들은 아내가 프러포즈를 허락한 날, 딸아이를 출산한 날, 회사에서 능력을 인정받은 날, 자식 결혼시킨 날 등 각자의 눈

부신 순간을 노출하며 분위기는 고조되었다. 한 참여자가 내뱉은 말을 다른 대상자가 부정적인 언사로 비난했고 어느새 분위기는 "다시는 이런 사람들과 이런 데서 살고 싶지 않다"라고 말한 것이 화근이 되어 술렁거렸다. "이런 곳이라니 당신은 얼마나 잘났나? 아직도 할 말이 남았나? 갈 곳도 없는 주제에. 여기서 더 내려갈 데가 있어?"라는 말을 쏟아냈다. 그날 나는 "이런 곳에 저도 포함되죠?"라고 말한 후 활동 첫날 소개했던 안내를 반복했다.

"동기 면담은 여러분의 동기가 중요합니다. 여러분이 원하는 목표를 향해 변화를 시도하든 않든 여러분 몫입니다. 물론 그 결과, 삶이 나아지거나 여러분이 말씀하신 대로 '이런 데서 이런 사람들과' 계속 머물러 있어도 그건 여러분 몫입니다. 그렇다면 저는 왜 이곳에 있을까요? 어떤 목적으로 어떤 이득 때문에 이렇게 3년 넘게 여러분과 함께 있을까요? 나는 여러분이 각자의 '황금기'를 찾아 '이런 데'서 벗어나 스스로 떠나도록 도와드리는 것이 세상 무엇보다 의미 있습니다. 그게 제게 중요합니다. 그러니 여러분도 중요한 일을 놓치지 않길 바랍니다"

분위기는 숙연해졌다. 나는 한마디 덧붙였다. "나는 걱정거리가 많습니다. 우선 여러분의 건강이 걱정입니다. 모두 담배를 피우시고 여전히 술을 끊지 못하시고 무엇보다 아물지 않는 마음의 상처가 걱정입니다. 여러분이 홧김에 한 걸음만 이곳에서 벗어나면 거리입니다. 거리에는 네거리가 있고 신호등이 있고 자동차가 질주하고 여러분의 상처난 마음을 이용해 여러분이 겨우 마련한 종잣돈을 노리는 하이에나가 득실거립니다. 그곳을 소나기처럼 피해온 여러분이 걱정입니다. 두세 번 시도해도 잘 안 되는 여러분이 걱정입니다. 걱정하는 제가 걱정이신 분들은 손들어 주세요." 그러자 참석자들은 씁쓸하게 웃었다.

걱정은 뻔뻔한 '걱정 능력', 즉 걱정해줄 힘이 있어야 가능하다. 걱정해줄 대상은 많다. 하나뿐인 인생을 '버티기'로 일관하는 인생도 걱정이다. 안정의 늪에 빠져 편협한 시각으로 일생을 살아가는 청맹과니도 걱정이다. 세상을 움직일 만한 명분을 세우고 자신을 기만한 연정에 모든 것을 빼앗긴 인생, 태산만큼 재물을 모아도 모으는 방법 외에는 아무 것도 나눌 줄 모르고 감옥에서조차 재물을 모을 방법을 궁리하는 인생, 관운을 타고나 탄탄대로 삶을 살았지만 자식의 마음도 헤아리지 못해 죽음으로 내몬 인생, 한 나라의 수장이 되었지만 여전히 자신의 트라우마에 갇혀 일생을 허비한 허수아비 인생, 자신만의 편협한 시선에 사로잡혀 능력과 실력의 감옥에 갇힌 겉만 화려한 인생도 걱정이다. 흐르지 않는 생명이 쇠락하는 모습도 걱정이다. 감동할 줄 모르는 인생도 걱정이다. 걱정할 힘이 있어야 걱정해줄 수 있다.

걱정하는 힘은 희로애락의 감정을 균형적으로 품고 홀로 산 중턱에 앉아 있어도 삶이 끊임없이 흐른다는 사실을 깨달은 사람에게 있다. 걱정할 힘은 크고 작은 시련을 겸허히 받아들이고 그 감정의 의식을 자폐가 아닌 성장으로 방향을 잡은 사람에게 있다. 남들과 다르게 나답게 살아가며 피할 수 없는 운명에 맞서 영혼을 추스르고 자신이 흐르고 있다는 사실을 눈치채고 자유롭게 살아가는 사람에게 있다. 작은 걱정을 자기만의 방식으로 지속적으로 실천할 때 주변을 움직일 수 있다. 자신을 믿고 자유로운 마음을 실천할 때 걱정해줄 힘이 생긴다. 걱정할 힘이 있어야 걱정해줄 수 있다.

4

버텨주며 걱정하기

 같은 경험도 사람에 따라 상처가 되기도 하고 좋은 경험이 되기도 한다. 경험이 상처가 되면 알몸으로 빙산 앞에 서 있는 것과 같다. 눈앞에는 빙산, 뒤에서는 파도가 밀려와 등골이 오싹한 한기가 느껴지고 두 다리는 힘이 쭉 빠진다. '생의 종착역이 여기인가?'라는 두려움과 함께 무릎이 꺾인다. 누구나 한 번쯤 이런 절망적인 상황을 만날 수 있다. 하지만 이 상황을 이겨내지 못하면 다시는 돌아올 수 없는 강을 건너게 된다. 수치심, 모멸감, 죄책감, 불안 등이 한꺼번에 몰려오면서 깊은 의식의 수렁에 빠진다. 자기를 잃는 순간이다. 이때 많은 사람이 절망의 늪에서 헤어나오지 못하는 것은 그 상황을 대하는 방법을 이해하지 못했기 때문이다. '내게 왜 이런 일이 벌어졌을까?', '전생에 무슨 죄를 지었을까?'라는 자기연민이 시작되면 우울증에 시달릴 수 있다.

　부정적 자기연민으로 의식이 수렁에 빠지면 그 고통에서 벗어나기 위해 여러 방법을 모색한다. 술, 담배는 물론 성, 도박, 게임, 마약 등 자신의 상처를 치유하기 위한 다양한 방법을 모색한다. 회피나 자기학대를 통해 상처를 잊으려고 한다면 상처는 더 커지거나 덧나기 쉽다. 자신에게 덧씌워지기 시작한 공격은 점점 예리해지고 굵어진다. 자신에 대한 연민이 덧씌워진 상태에서 마주하는 빙산은 차갑고 미끄러우며 피할수록 더 거대해진다.

　반면 그 빙산을 올라가는 사람도 있다. 늦기 전에 손톱을 세워 얼음에 흠집을 내 자신의 뜨거운 살과 피와 뼈를 디디며 올라간다. 이 글을 읽는 독자도 그중 한 명일 것이다. 우리는 모두 그렇게 빙산을 오르듯 각자의 상처를 극복해 나간다. 노력하는 자신을 바라보는 또 하나의 자신을 격려하며 한 걸음 한 걸음 더 이상 물러날 여지를 두지 않고 정면으로 빙산을 넘는다. 되돌아갈 수도 되돌아갈 곳도 없는 상황에서 시간이 흐른다. 매 순간 비수처럼 파고드는 자기연민은 사람을 황폐하게 만든다. 이제 내 인생을 자폐로 몰고 가지 않겠다는 용기가 솟고 새삼 시간이 소중해지고 생명이 귀하게 느껴지는 순간 멈추지 않고 빙산을 올라가는 것이다. 좌절하지 않고 쉬지 않고 빙산을 올라가는 모습은 그렇게 아름다울 수가 없다.

하지만 두려움 때문에 용기를 못낸 사람들은 빙산을 마주하지 못하고 둘러갈 방법을 찾는다. 술을 마시고 담배를 피우며 후회와 한탄, 궁상과 변명만 늘어놓으며 빙산을 둘러갈 더 쉽고 편한 길을 찾는다. 하지만 상처를 치유할 가장 빠르고 쉬운 방법은 없다. 통증을 받아들이고 느끼며 이해하는 것 외에는 뾰족한 방법이 없다. 정면으로 빙산을 넘는 '정면 승부' 외에는 없다. 빙산 앞에서 두려움과 분노에 떨다가 노숙생활이라는 위험한 비상을 시도했다면 그 후 몰려

Chapter 5. 길 위에서 길 찾기

올 후폭풍을 감당해야 한다.

　니코틴 진이 묻은 보라색 입술, 굽은 어깨, 죽을 고비를 넘긴 사람의 흔들리는 눈빛, 한풀 꺾인 말투, 빙산 앞에서 몇 번이나 시도하다가 낮은 곳으로 낮은 곳으로 사람을 피해 이동해 오면서 수없이 무너진 자존감, 좀처럼 마음이 변화할 기미를 보이지 않는 텅 빈 눈빛 앞에 서면 문득 '내가 뭘하는 건가?', '그는 어떤 사람인가?', '이런 나는 왜 여기 있는가?'라는 의문이 든다.

　비자발적인 대상자의 변화를 기꺼이 돕기로 했다면 몇 가지 준비할 것이 있다. 나는 노숙인을 만나면서 비자발적인 대상자를 만날 때 준비할 마음자세를 찾아낼 수 있었다. 첫째, 우리는 최선을 다해 여기까지 왔다. 둘째, 나는 당신이 얼마나 힘든지 모르니 말해주면 좋겠다. 셋째, 나는 동정하러 온 것이 아니라 궁금해 온 것이다. 넷째, 나는 괜찮다. 당신들도 괜찮아졌으면 좋겠다. 이 정도 마음으로 만나지 않으면 말문을 트기 어렵다.

　첫째, '빙산 앞에서 좌절하지 않고 여기까지 살아 도달했으니 애쓰셨다'라는 말로 최선을 다한 것을 인정해줘야 한다. 둘째, 그동안 얼마나 힘들었는지 모르니 말해주면 좋겠다. 어떻게 살았고 노숙생활을 어떻게 시작하게 되었는지 질문하는 마음이어야 한다. 셋째, 노숙할 수밖에 없었던 마음이 궁금해 왔다는 것을 알려주어야 한다. 넷째, 사실 이 부분이 중요한데 '면담자로서 나는 왜 여기 있는가?'에 답할 수 있어야 한다. 이 질문은 쉽게 표현하지는 않지만 대상자들이 은연중 궁금해하는 부분이다. '우리에게서 뭔가 이득을 취하려는 건 아닐까?'라는 의심 때문이다. 이 의문에 미리 답해두지 않으면 활동이 진행되는 도중 자리를 박차고 담배 피우러 나갈 수도 있다. 버텨주는 마음은 이렇다.

'여러분의 변화가 나의 이득입니다. 변화는 평생 꿈꾸던 지점에 도달하는 것인데 그토록 어렵습니다. 하지만 포기할 수 없습니다. 나도 당신만큼 아팠습니다. 하지만 나는 괜찮습니다. 나는 여러분을 걱정할 수 있을 만큼 힘을 얻었습니다. 내게는 그것이 의미 있습니다. 당신에게는 무엇이 의미 있나요?'

뻔뻔하게 버티며 걱정할 때 변화는 소리없이 은밀하게 일어난다.

5

감정 전문가는 자신이다

분야별 전문가가 있지만 적어도 감정 전문가는 자신이다. 감정 문제, 욕망 문제에 한해 전문가는 개인이다. 심리 상담 장면에서 각종 전문가가 범하기 쉬운 오류가 바로 이것이다. 다양한 사례 경험, 슈퍼비전, 수련 시간 등을 통해 소위 전문가로 인정받는다. 전문가는 객관적 입장에서 균형을 유지할 때 효과를 발휘한다. 문제는 이 균형이 '전문가 의식'으로 기우는 것이다. 자신이 전문가라는 의식으로 내담자를 접하면 내담자를 단정하고 넘겨짚는 오류를 범할 수 있다. 적어도 감정 문제에서는 이 점에 주목해야 한다. 내담자의 문제를 보고 전문가로서 지금까지 경험한 나름의 이론과 관점을 바탕으로 수많은 경험 사례 중 하나일 거라는 추측으로 선입견을 갖고 접근하면 '일반화의 오류'에 빠질 수 있다. 감정 부분에서는 적어도 상대방의 충분한 느낌을 바탕으로 시작해야 한다.

나눔 과정에서 상대방이 미처 알아차리지 못한 감정을 스스로 찾아내도록 충분한 기회를 줘야 한다. 전문가 의식에 빠지면 이 미세한 차이를 잊기 쉽다. 미세한 차이지만 감정 문제에서 내담자는 한눈에 알아본다. 내담자가 자신의 감정을 들켰을 때 전문가가 표현하는 표정과 태도에서 '내 그럴 줄 알았다. 딱 걸렸어'라는 느낌이 들게 했다면 그것은 전문가 의식의 발로다. 이때 내담자가 자존심이 상해 속내를 서둘러 감춰 수습하고 싶게 만들었다면 그것도 그의 영역을 침범한 꼴이 되어 겨우 찾아낸 감정을 흐트릴 수 있다. '이 사람은 내게 묻지 않는구나. 지금 내 마음이 어떤지. 게다가 내 목표를 자신이 잡아냈다고 생각했는지 자신이 생각한 목표를 내세워 다그치는구나!'라고 느끼는 순간 관계 형성은 물건너간다. 이것이 내가 확인한 전문가의 오류다.

책을 쓴 제자를 애써 외면하는 선생님도 그런 스타일이다. 알아채는 것과 알아주는 것은 다르다. 자신의 감정을 알아차리는 그를 조용히 알아주는 것이 바로 감정 전문가의 태도다. 전문가는 자신의 영역이 침범당하는 것이 달갑지 않다. 하지만 감정 문제에 한해서는 신중해야 한다. 진짜 감정 전문가는 따로 있기 때문이다.

나는 그것을 노숙인에게서 느꼈다. 노숙인을 포함해 비자발적인 대상자, 중독자, 재소자, 병원 치료 거부 환자, 사춘기 청소년, 외골수 중년 남성 등 감정 전문가가 많다. 그들을 대할 때 맨 먼저 염두에 둘 것은 '당신이 전문가'라는 의식이다. 그들은 대부분 감정의 뿌리까지 내려갔기 때문이다. 이런 접근이 아니면 내담자 입장에서는 '당신은 아직 나를 모른다'라는 감정으로 대하게 된다.

연애 시절 숱한 실랑이 끝에 결국 함께 잠을 자는 결론이 나야만 비로소 상대방을 인정하는 것과 같은 이치다. 따라서 감정 문제에서는 처음부터 상대방에게 전문가 자격을 넘겨주고 시작하는 것이 옳다. 이 점은 감정에 한해서다. 그가 방향을 정하고 목표를 설정하고 변화 행동을 결단해 행동으로 옮겨야 할 시점이 다가올 즈음 비로소 자신의 전문성에 한계가 온다. 이때 공통적인 증상이 있다. 결과에 대한 두려움, 몸에 밴 잘못된 습성, 치유되지 않은 트라우마, 분노,

수치심, 죄책감 등이 순서도 없이 화산처럼 불거져 온다. 이때 내담자의 불일치감이 유발된다. 양가 감정이 폭발하며 극도의 저항이 시작된다. 여기서 그가 다투는 양가 감정 속 저항과 함께 구르며 한판 싸움을 하게 된다.

감정 문제에서만큼은 이 '함께 구르기'가 관계 형성을 돕고 그 정도가 깊을수록 상대방에 대한 신뢰가 깊어진다. 그 수위를 조절하는 것은 결국 변화를 돕는 것이다. 이때 지속성과 일관성이 필요하다. 자신의 감정을 솔직히 드러내 표현해도 될 만큼 신뢰가 쌓이는 것이 중요하다. 상대방을 보호하고 도와주고 싶은 마음이 클수록 마음으로 다가가야 한다. 따뜻하지만 단단한 전사의 마음이 필요한 이유다.

나는 의사소통 카드 활동의 대부분을 관계 형성에 할애했다. 초점 맞추기, 유발하기는 참여자들의 눈빛이 편안해졌을 때, 자신의 변화 의지와 결단을 표현했을 때만 했다. 계획하기는 가능하면 가볍게 했다. 관계 형성하기도 마찬가지지만 초점 맞추기 단계부터는 질문하기와 반영하기를 집중적으로 활용했다. 그가 심드렁해지면 질문조차 멈추고 기다렸다. 활동 도중 담배피우러 가고 싶다고 말하면 두 말 않고 허락했다. 하지만 관계가 형성되었다고 생각될 무렵 의존성이나 자포자기하는 모습을 보이면 강하게 말했다. "당신 인생이잖아요. 저와는 무관한 일입니다. 하지만 당신의 변화는 의미 있습니다. 적어도 감정 문제에서는 당신이 전문가니까요"

6

내가 당신을 계속 걱정해도 될까요?

 더 갈 곳도 없어 보이는데 무심한 시간 속으로 걸어간 당신, 발걸음의 무게가 걱정입니다. 겨우 출구를 찾았다고 생각했는데 찾아온 치매가 당신을 공원에서 온종일 맴돌게 했다는 소식을 들었습니다. 부산으로 떠났다는 소식, 구치소에서 나왔는데 그 후로 당신을 본 사람이 없다는 소식, 그리고 또 겨울이 온다는 소식.

 J 씨에게는 최고의 직장이라고 생각했다. 50대 중반 야간 당직을 하며 근무하니 숙소 해결도 되고 낮에는 자유시간도 가질 수 있으니 이보다 더 좋은 직장이 어디 있을까? 나는 참여자 중 제법 참석률이 높고 반응도 좋았던 J 씨에게 연락해 원서 제출을 제안했다. 2~3권 책을 빌려주고 노

트에 '인생 2막을 여세요'라고 써뒀다. 기관의 근무 기준과 규칙을 지키면 퇴직까지 10년 동안 새 출발의 기회로 삼기에는 안성맞춤이라고 생각했다. 하지만 그것은 내 생각일 뿐 앞서가는 오지랖에 불과했다. 인생의 2막도 최고의 직장도 J 씨를 변화시키지 못했다. 결국 나는 그를 진정으로 공감하지 못했다는 결론에 이르렀다. 나는 그에게 물어보지 못했다. 그 일을 어떻게 생각하는지, 잘 할 수 있는지, 지금 마음이 어떤지 충분히 질문하지 못했다. 일자리가 생겼다는 반가움에 그에게 충분히 묻지 못한 채 추천했다.

끊임없는 자기연민, 잘못된 습관의 반복, 아무도 믿지 않을 허세, 치유되지 않는 외상을 그대로 간직한 J 씨는 자신을 추천했던 나를 포함해 기관 많은 사람의 마음을 헤집고 구치소에 감금되는 신세가 되었다. 어느 날 구치소에서 연락이 왔다. J 씨였다. 출근할 수 없게 되었다는 소식이었다. 벌금 200만 원을 체납해 구인조치 당했다는 소식이었다. 구치소에서 그가 했던 한마디는 "영치금 좀 보내주실 수 없나요?"였다.

깊은 걱정 질문과 공감이 없으면 사람의 변화를 도와줄

수 없다. 사람은 좀처럼 변하지 않는다. 사람이 사람의 변화를 도와줄 수 있을까? '나는 누군가의 변화를 도와주는 사람'입니다. 이 말을 강의 시작 전에 써놓으면 막막함이 몰려온다. 그럼에도 불구하고 변화를 내세우고 5년 넘게 고민하며 변화와 관련된 관계 형성과 변화 돕기 프로그램 등을 운용해왔다. 처음 아웃리치를 돌며 노숙인의 저녁을 돌아볼 때는 두려움이 엄습했다. '어떻게 저들의 말문을 열까?' 동기 면담 프로그램을 운용하면서 얻은 결론이 있다. 변화를 도와주려면 걱정해줄 힘이 있어야 한다는 것, 진심으로 걱정해줘야 변화를 유도할 수 있다는 것이었다.

'누군가를 걱정할 힘이 있다면 그곳으로 가자'라는 지점에 도달했다. 변화의 대상은 걱정 대상과 일치했다. 그러므로 변화를 이뤄낼 수는 없더라도 걱정할 수는 있다. 그래서 걱정의 크기만큼 내가 할 수 있는 시간과 공간, 재능을 소진하며 살아가는 것은 그 자체로 의미가 있다고 결론내렸다. 그리고 보니 걱정 대상은 그들뿐만이 아니었다. 걱정 대상은 우리 주변에 너무나 많았다. 그 중심에 풀어내지 못한, 밖으로 드러나지 않은 그들 인생의 오점이 보였다. 드러나지 않은 오점은 그의 핸들이 되어 인생의 향방을 결정했다.

누군가 일관성 있게 걱정을 질문하며 지켜볼 때 비로소 변화의 즐거움을 맛볼 수 있다. 활동에 다녀간 30여 명 전사, 여전히 활동에 참여 중인 친구들, 어디선가 아픈 당신에게 전해주고 싶은 말이 있다.

"걱정됩니다. 마음을 나누다가 떠난 당신들이 걱정됩니다. 함께 밥먹은 사람, 술 마신 사람, 추억을 나눈 사람, 언젠가 더 좋은 모습으로 만날 날을 기약하며 떠났지만 소식을 전하지 못한 사람, 상처받은 마음에 가위눌려 어딘가 배회하고 있을 당신과 무의식적 습관의 노예로 살아가는 당신이 걱정입니다. 걱정의 범주에 포함되지 않는 사람은 없습

6. 내가 당신을 계속 걱정해도 될까요?

니다. 돈으로도 금배지로도 밥으로도 술로도 그 어떤 좋은 말로도 위로가 되지 않는 당신에게 내가 줄 수 있는 것은 이 '작은 걱정'뿐입니다. 저는 괜찮습니다. 마음이 겨우 당신을 걱정할 만큼 도달했어요. 무엇보다 당신을 걱정하는 내 모습이 걱정스럽지 않도록 하는 데 힘이 들었습니다.

내 걱정은 순서를 매길 수 없습니다. 우선 생각나는 대로 말해볼게요. A 님, 밥은 먹었나요? 3년 동안 겨우 모은 돈은 어떻게 쓰고 계신가요? B 님, 당신을 단죄하는 것은 멈추셨나요? 분명히 당신을 용서해도 될지 증인이 필요하다고 하셨는데. C 님, 가족이 자꾸 부르지는 않으세요? 당신이 가족에서 빠져주는 게 가장 도움이 되는 거라는 말이 맴돕니다. D 님, 통장은 해제되셨나요? 10년을 기다려야 한다고. 아직 젊어서 괜찮다고 생각했는데. E 님, 하고 싶다던 보석 일은 시작하셨어요? 두문불출이라는 소식을 들었는데 무슨 일이라도 생겼나요? 혹시 가족에게는 연락하셨나요?

F 님, 따님을 만나러 갈 준비는 되셨나요? 만나보셨나요? 먼 발치서 바라보고 돌아서지는 않으셨는지. 잘생긴 당신이 걷는 배경의 노을은 얼마나 화려할까요? G 님, 당신은

알 속에 계시죠. 알 속에서 계속 살아 움직이시죠? 쫓겨나지 않고 버티는 게 목표라고 하셨는데 당신을 계속 만날 수 있어 좋아요. J 님, 미안해하시지 않아도 됩니다. 내가 줄 수 있는 걸 전해줬지만 그건 당신에게 필요한 게 아니었던 것 같아요. 당신은 받을 준비가 되어 있지 않았고 나는 무엇이 당신에게 필요한지 아직 알아차리지 못한 것 같아요. 아뇨, 아뇨, 당신에게 실망하거나 서운해 하는 말이 아니에요. 단지 걱정될 뿐입니다.

K 님, 집중하니 도박을 생각할 겨를이 없다고 하셨어요. 중개사 시험 준비는 어떻게 되어가나요? L 님, 운전면허 시험은요? M, N, O… 님. 떠나간 사람을 그리워하는 사람들이 걱정입니다. 아니, 떠나간 사람들도 걱정입니다. 그곳에서 밥은 먹었는지, 춥지는 않은지, 괜찮은지. 나는 괜찮지 않고 걱정되는데 당신은 괜찮은지 묻는 말은 여전히 온기를 머금고 허공을 떠도는데 당신은 어떠신가요?"

"내가 당신을 계속 걱정해도 될까요?"

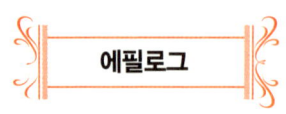

내가 당신을 계속 걱정해도 될까요?

"당신은 어떠세요? 어떻게 여기까지 온 거예요? 그동안 어떻게 지내셨어요? 밥은?…"이라며 돌아섰다. 그가 떠났다는 소식이다. "그동안 고마웠어요. 지금부터는 내가 알아서 할게요"라고 말하고 그는 홀연히 군중 속으로 사라졌다.

시작은 오지랖이었다. 그건 내 상처 때문이었을 것이다. 내 아픈 마음을 치유할 곳을 찾다가 물이 천천히 흐르듯 그렇게 갔다. 그렇게 쉼 없이 계속 걸어왔다. 공원이 보이고 까마득한 허기의 행렬… 매일 700여 명에게 밥을 퍼주는 자원봉사자들은 하나같이 바쁘고 허기졌던 기억이 있거나 모태 신앙이거나 태생이 이타적이거나 아픈 사람들일 것이다. 낯익은 사람들 마음 언저리에 어슬렁거리다가 여기까지 흘러왔다. 700여 명의 행렬을 바라보는 또 하나의 무리가 '정규직'처럼 모여 혀를 '쯧쯧' 차고 있었다. 그곳에 그가 있었다. 찰리 채플린인 줄.

생각이 난다. MVP로 주먹 만한 추파춥스를 선물했다. 월미도에서 헐레벌떡 달려오던 날 그의 개나리 봇짐 속 베개 한켠 봉지에 싸둔 추파춥스가 보였다. 월미도에서 술마시다가 '동기'하는 날이라 술잔을 놓고 왔다. 절대로 과자나 간식 때문에 온 게 아니라고 말하던 당신.

공원은 겨울이 지나 봄꽃이 피고 청개구리가 밤새 발정하는 초여름이었다. 바이러스가 점점 더 기승을 부렸다. 바이러스보다 무서운 것이 상처난 마음 속에 서식하고 있었다. 더 이상 돌아갈 수 없게 된 집, 만나지 못한 인연들, 가족에 대한 금단현상 때문에 '좀머 씨'가 된 마음들이 흐른다. 물살에 모난 나도 굴러갔다.

구르다 보면 항상 모난 부분이 깨져 시리다. 그러다가 죽을 만하면 소나기가 내려 냇가로 쓸려가 굴러가다 보면 모서리 상처는 아물어갔다. 그렇게 물을 만나 조약돌이 되어간다. 모나고 못난 돌이 물을 만나 조약돌이 되어간다. 물 속에 잠겨 허우적대는 꿈을 꾸다가 숨이 막혀 화들짝 깨어보면 이런 소리가 들려왔다.

에필로그

물 속에 오니 숨쉴 만해요. 당신은 내게 물이 되어주었어요. 당신만은 내게 추궁하지 않았어요. 어디로 가 어떻게 살아야 한다고 하물며 진리와 희망 같은 것을 건네주지도 않았어요. 당신은 오직 물어주기만 했어요. '내가 어떤지 어떻게 여기까지 왔는지 얼마나 견뎌냈는지' 하지만 걱정에 답해준 사람은 바로 당신 자신이었어요.

어디 계신지 궁금합니다. 흉흉한 소문은 믿지 않겠습니다. 설령 사실이더라도 당신이 말해주기 전에는 당신을 기다리기로 합니다. '그렇게 뒤통수를 얼마나 맞았는지 아는가'라는 비아냥은 더 이상 듣지 않기로 합니다. 그건 물 속에 들어가보면 알 테니까요. 당신은 당신의 우주가 있고 어부는 언젠가는 바다 깊은 곳으로 수장되는 법이니까요. 그때 바다는 이렇게 말해줄 거예요.

'내가 당신을 계속 걱정해도 될까요?'

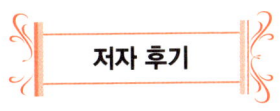

공간에 나만 덩그러니

떠난 이와 남은 사람들에게

5년 전 그 친구가 왔다. 나는 계속 걱정했지만 나는 친구의 곁을 계속 지켜주지는 못했다. 위로의 틈새로 밀려드는 바늘 같은 자기연민을 막아낼 수 없었다. 나는 결국 걱정하게 되었다. 눈발이 흩날리던 날 나는 망연자실 허공을 바라봤다. '더 걱정해줄 걸…' 아쉬움이 남는다.

2019년 12월 1일 그는 세상을 떠났다. 자신보다 더 아픈 누군가를 걱정하느라 밤잠을 설치던 청년이었다. 나는 그 아이가 보내온 편지를 읽고 또 읽으며 얼마나 기뻤는지 모른다. 언젠가는 책을 써 자신의 걱정을 많은 사람과 나누고 싶다며 내게 보낸 편지였다. 그 아이가 '다시 서기'에서 사회복지사로 활동하는 동안 나는 노숙인에게 관심을 갖기 시작했다. 지금 봉사하고 있는 거주시설도 그 아이를 통해 알게 되었다. 그 아이가 없는 공간에 나만 덩그러니 남아 있다. 따뜻하지만 단단한 전사가 되겠다고 다짐하며 '변화를 돕는 의사소통 카드' 활동을 시작했다. 따뜻하지만 단단한 전사로 아픈 이웃을 걱정하는 사람으로 살아보는 것은 내 삶의 작은 이정표가 되었다. 누군가를 걱정하려면 '나'라는 존재가 자유로워야 한다. 지금까지 살아오면서 삶의 현장에서 깨달은 9가지 버려야 할 것을 온전히 '진짜 나'에게 돌려주려고 한다.

'후회, 연민, 궁상, 막연한 희망, 무례, 눈물, 집착, 미안함, 서운함' 뻔뻔한 자신감으로.

식이는 이런 편지를 내게 보내왔다.

― 한 번 읽어주세요. 그동안 고마웠어요. ―

팔다리가 부러진 사람에게 "넌 의지가 약해서 그래"라고 말하지는 않는다. 복막염에 걸린 사람에게 "정신차려!"라고 말하지는 않는다. 그런데 우울증에 걸린 사람들에게만 유독 그런 말을 너무나 쉽게 던진다. 위로나 조언이라도 되는 듯 사뭇 진지한 표정으로 세상을 다 안다는 듯 '툭' 던지고 만족해한다.

내 경우, 그런 말 한마디가 날카로운 비수가 되어 마음 온곳을 헤집었다. 저열하고 비열한 행동이다. 적어도 아픈 이에게 약은 주지 못할망정 돌을 던지면 안 된다. 그냥 아픈 거다. 다른 병과 마찬가지로 시간을 두고 치료해야 할 병일 뿐이다. 너무 걱정된다면 조언이 아니라 위로를 해주는 게 낫다. 위로하는 방법을 모르겠다면 말없이 밥 한 끼 사주고 무심한 듯 돈 만 원이라도 쥐어줘라. 우울증에 걸린 사람은 요구하는 것을 잊는다. 배가 고파도 배고프다고 말할 용기를 잃는다.

내 경우, 세상 모든 죄를 혼자 안고 있었다. 나 자신을 경멸하고 저주하고 부정하고 혐오했다. 타인이 나를 경멸하고 부정했다면 그 자리를 피하면 곧 나아질 수 있다. 하지만 나 자신이 나를 경멸하고 저주하고 부정하면 도망칠 곳이 없다. 끊임없이 나락으로 떨어져 결국 헤어날 수 없게 된다. 누군가 내게 위로라도 하려고 하면 내 안에 펼쳐진 지옥이 더 참혹하게 변해갔다. "괜찮아질 거야. 곧 나아질 거야"라는 말 한마디가 독이자 칼이었다. 오히려 누군가가 나를 욕하고 비난하기를 바랐다. 자신을 부정하는 이에게 위로는 더 이상 위로가 아니다. 그럼에도 불구하고 나는 내게 위로하고자 했던 이들이 나를 걱정해 그랬다는 것을 안다. 그때도 알았고 지금도 너무나 잘 안다. 그럼에도 불구하고 우울증이 너무 깊어나에 대한 신뢰가 전혀 없던 상황에서 그런 위로들을 받아들일 수 없었고 받아들였더라도 큰 도움이 되지 않았을 거라고 생각한다. 모든 병은 치료하는 데 적절한 시간이 필요하다. 여유를 갖고 약을 먹고 치료하다 보면 점점 낫는다. 우울증도 마찬가지다. 나는 우울증에 걸린 사람에게 반드시 약을 먹으라고 말해준다. 내가 이상하고 잘못되어 걸린 병이 아니기 때문이다. 누구에게나 찾아올 수 있는 그냥 몸이 아픈 현상이기 때문이다. 모든 병에는 그에 맞는 약이 있고 먹으면 반드시 낫는다. 완치될 때까지 시간차는 있겠지만 나 스스로 약을 먹고 있음을 인지하는 것만으로도 분명한 치료효과가 있다. 시간이 흐를수록 약을 먹으면 나을 거라는 믿음이 생기기 때문이다. 약물치료를 통한 신체적, 정신적 변화도 부정할 수 없다. 내가 약을 반드시 복용해야 한다고 생각하는 또 다른 이유는 시간을 벌어주기 때문이다. 최초 약을 복용할 때 한 번에 보통 13알 정도를 먹었는데 정신을 차릴 수 없었다. 하루 24시간 죽고 싶다는 생각을 달고 살았는데 그런 생각을 할 수 없게 만들었다.

자의든 타의든 죽음이라는 생각에서 점점 멀어지다 보니 눈에 들어오는 것들이 하나둘 생겼다. 6개 침대가 빼곡히 놓인 병실과 바로 옆 침대의 날카로운 눈매의 청년이 눈에 들어왔으며 그 청년은 생각보다 착한 심성을 갖고 있다는 사실도 알게 되었다. 사람이 눈에 들어오기 시작했다. 병원 안에서 나는 나를 볼 수 없었지만 사람을 볼 수 있게 되었다. 그리고 그 안에서 누군가를 도와주고 싶었다. 명백한 오지랖이었다. 분수도 주제도 모르는 오지랖이었다. 우울증에 걸리기 전에도, 우울증에 걸려 치료를 받는 와중에도 나는 내 존재 가치를 오직 타인에게서 찾으려고 했다.

내게 나는 없었다. 내가 나를 사랑하지 못하니 타인이 나를 좋은 사람이라고 여기게 하면 나를 사랑할 수 있을지도 모른다고 착각하며 살았다. 나를 진심으로 사랑하고 동정하지 않으면 타인을 사랑할 수도 동정할 수도 없다는 것을 모르는 상태에서 누군가를 돕는 행위는 내 치료에 전혀 도움이 되지 않았다. 내 모든 신경은 타인에게만 집중되어 있었다. 나는 단 한 번도 나를 보려고 하지 않았다. 진짜 나를 보려고 하지 않았기에 치료는 더디게만 느껴졌다. 한 달에 한 번 병원을 찾아오는 가족을 보는 것이 너무 힘들었다. 차라리 바빠서 귀찮아 깜빡 잊고 찾아오지 않기를 바랐다. 그때마다 반가운 척 연기해야 했다. 그렇게라도 하지 않으면 뼛속 깊이 자리잡은 죄책감에 며칠 동안 괴로워해야 했다. 사실 그런 연기가 죄책감을 키우고 있다는 것을 알지 못했다.

내 안에 내가 없으니 모든 것이 거짓이었다. 친절은 위선이었고 눈물은 연극이었으며 미소는 도피였다. 나는 내가 금방 나아 곧 퇴원할 거라고 가족을 안심시켰지만 입원한 지 한 달 만에 뼈만 앙상한 어머니의 얼굴을 보고 병실로 돌아와 끊임없이 무너져내렸다. 돌아갈 곳이 있었지만 돌아가고 싶지 않았다. 자기부정과 경멸과 저주가 더 이상 나를 용서하지 못할 것 같았다. 세상 모든 죄가 나 때문에 일어난 것 같았다. 내 잘못이 너무 많아 생각 안에 담아둘 수 없었고 그것들을 하나하나 뒤지다 보면 나는 태어나지 말았어야 했다는 결론에 이르렀다.

매일 안 그런 척하는 생각들 속에 나를 던지고 약을 한 움큼 먹고 나면 그런 생각을 잊는 시간이 찾아왔다. 그렇게 3개월이 지나고 어머니 얼굴에서 생기를 찾아보기 어려울 때 나는 퇴원을 결심했다. 적어도 병이 다 나은 척 연기해야 했다. 아프다고 말하는 것도 죄가 되는 상황이었다. 세상 아무도 내가 잘못했다고 말하지 않는데도 내게는 내가 세상에서 가장 끔찍한 인간이 되어 있었다. 그렇게 퇴원을 했으니 큰 변화가 있을 리 없었다. 가족들은 엄청난 관심과 노력을 내게 쏟아부었고 그런 관심과 노력은 내게 창이 되어 돌아왔다. 몇 배나 되는 죄책감이 나를 옥죄어 왔고 밥을 먹을 수도 잠을 잘 수도 없는 지경이 되었다.

그러던 어느 날 어머니는 나를 데리고 설악산으로 향했고 정상을 등반했다. 나는 등반 도중 어머니의 악쓰는 외침을 들었다. 어머니도 한계였다. 부모님은 왜 내 아들이 정신병원에 입원해야 하는지 입원 도중에도 인정하지 못하셨다. 퇴원하면 나아져야 하는데 그렇지 못해 심한 상처를 받으셨다. 우울증이라는 병을 이해하실 만한 세대도 아니었거니와 그럴 여유도 없는 삶이었다. 나는 태어나 처음 비명처럼 악을 쓰며 우시는 어머니를 보았다. 한마디 한마디에 피를 토하듯 억울함이 맺혀 있었다. 평생 고생하며 살았는데 열심히 키운 자식조차 도움을 주지 않는다. 부모님도 우울증에 걸려 있었다. 아이러니하게도 내 우울증이 두 분의 우울증을 만들었고 내 우울증의 심각함이 두 분의 우울증을 억제시켰다. 두 분은 나를 살려야 했고 나를 살리기 위해서는 두 분이 사셔야 했다. 그렇게 상처만 가슴 한편에 더한 후 또 다시 하루하루 죽음에 가까워지는 시간이 흘렀다. 그렇게 긴 시간 동안 밥을 먹고 약을 먹고 잠을 자고 죽음을 생각하는 끔찍한 시간이 몇 개월 지나고 부모님은 더 이상 화도 내지 않으셨다. 다만 밖으로 가끔이라도 나가길 바라셨다. 당시 나는 사람을 만나는 것이 세상에서 가장 무서운 일이었다. 슈퍼마켓이라도 갈 생각을 하면 옷을 챙겨입는 순간부터 손이 벌벌 떨렸다. 사람이 타고 있으면 엘리베이터에 타지 않았고 내려가는 도중 사람이 타면 구석으로 몸을 돌렸다. 간신히 "담배 한 갑

주세요"라고 말하고 도망치듯 집으로 돌아왔다. 그런 상황에서 바깥 출입은 불가능한 상황이었다. 의지의 문제로 치부할 수 없었다. 나는 아팠고 그게 아픈 거라는 걸 나를 포함한 주변 사람 모두 모르고 있었다.

입원했을 때 하루 외박을 허락받고 다음 날 버스를 타고 병원으로 돌아와야 했다. 버스에 타고 출발한 순간부터 누군가 내 목을 조르는 듯 숨을 쉬기 어려웠고 간신히 다음 정거장에서 내려 병원까지 먼 길을 걸어왔던 생각이 났다. 사람과의 접촉이 두려웠다. 누군가 내게 말을 걸까 봐 두려웠고 나를 쳐다볼까 봐 두려웠으며 내 생각을 할까 봐 두려웠다. 그러다가 정말 우연히 밖으로 나가는 것이 너무나 끔찍했던 날들 속에서 어머니의 부탁으로 함께 외출하게 되었다. 부모님에 대한 죄책감이 나를 외출로 이끌었다.

외출 후 들른 곳은 어머니가 수년째 김장김치 봉사를 하던 장애인 시설이었고 그곳에서 나는 3년 만에 내 눈을 똑바로 바라봐 주는 친구를 만났다. 그 친구의 눈은 흔들리지 않았고 나는 그의 눈을 보는 것이 두렵지 않았다. 지적장애 1급인 그 친구 덕분에 나는 사람의 눈을 바라보는 것이 얼마나 행복한 것인지 처음 알게 되었다. 그리고 그곳에서 살기 시작했다. 그곳에서 그 친구와 또 그

내가 당신을 계속 걱정해도 될까요?

친구만큼 사랑스러운 다른 친구들과 먹고 자고 내가 할 수 있는 최소한의 것들을 하기 시작했다. 몇 년 만에 밖으로 나와 가족이 아닌 누군가와 함께 생활했다. 약을 먹고도 잠들지 못하는 날들이 조금이나마 줄어들기 시작했다. 내가 이 친구들에게 조금만 잘해줘도 그 몇 배의 사랑이 돌아오는 것 같았다. 내가 누군가에게 꼭 필요한 사람 같았고 그럴수록 내 병이 낫고 있다고 생각했다. 착각이었다. 나는 또 나를 바라보려고 하지 않았다. 누군가의 필요가 내 가치가 되고 있었다. 그 필요를 감당할 수 없는 상황에 대한 대비가 내게 전혀 되어 있지 않았다. 나는 겁이 너무 많았다. 착하게 살고 싶었는데 올바로 사는 것이 뭔지 몰랐다. 아니, 알고 있었는데 용기가 없었다. 사람이 사는 곳에 반드시 생기는 부조리를 감당할 만큼 낫지 않았다. 사랑하는 이가 있었음에도 그곳을 도망치듯 나와야 했으며 갈팡질팡하며 타인의 말 한마디에 휘둘리는 사람이 되어 있었다. 세상 누구보다 증오스럽고 끔찍한 나를 다시 만나게 되었다. 부조리한 일, 내 신념에 어긋나는 일들을 보면 뒤도 돌아보지 않고 도망다니며 죄책감에 시달렸다.

잠시 괜찮은 줄 알았던 착각 속에서의 반동은 예상보다 훨씬 심각했다. 가족에게 내가 다 나은 것처럼 보여야 했다. 아버지에게 소주를 어머니에게 과일을 사다 드리고 싶었다. 용돈을 주는 형이고 싶었고 밥을 사는 친구이고 싶었다. 아무도 그러라고 하지 않았다. 하지만 나는 나를 끊임없이 죄책감 속으로 몰아가고 있었다. 웃을 수 없었다. 아니, 웃지를 못했다. 10번에 가까운 면접에 다 떨어지고 일주일 동안 잠을 잘 수 없었다. 밥도 먹을 수 없었다. 나는 나를 더 이상 증오할 수 없을 만큼 증오했고 죄책감에 몸서리 치며 죽이고 싶어했다. 나는 내가 누구인지 단 한 번도 보려고 하지 않았다. 자신을 증오하고 경멸하고 부정하는 것이 삶의 목표인 것처럼 하루하루 나 자신을 나락으로 떨어뜨렸다.

나는 나로부터 도망갈 수 없었다. 그럼에도 불구하고 살고 싶었다. 죄책감에 죽고 싶었는데 죄책감에 살고 싶었다. 빌어먹을 소주가 빌어먹을 과일이 내게 비참하게 삶을 구걸하고 있었다. 살려고 전화기를 뒤졌는데 연락할 곳이 없었다. 갈 곳도 나를 필요로 하는 곳도 없었다. 몇 개 되지도 않는 전화번호를 천천히 내리다가 몇 번이고 만나자고 했지만 피해 다녔던 상담공부를 마쳤다던 막내 스승(그의 휴대폰 저장 이름)의 전화번호에 멈춰섰다. 무작정 전화를 걸어 살고 싶다고 울부짖었다.

나는 살려달라는 말만 했고 스승은 내 울부짖음이 잦아들 때까지 묵묵히 기다려 주었다. 그후 내일 찾아오라고 말했다. 아무도 방해하지 않는 너만의 공간을 만들어 줄 테니 일단 찾아오라고 했다. 나는 살기 위해 아니면 정말 죽기 위해 스승의 집에 도착했다. 스승은 나를 3층 옥탑방으로 안내했고 이틀 동안 아무 말도 걸지 않고 밥을 날라다 주었다. 나는 그곳에서 한 발자국도 움직이지 않고 책을 읽고 담배를 피고 밥을 먹었다. 그 공간 안에는 나만 존재했다. 나 자신을 증오하는 나만 있었다. 그 증오조차 방해받지 않았다. 문 밖을 걱정하지 않아도 되었으며 죄책감으로부터 도망칠 수 있는 공간이었다. 그렇게 3일째 되던 날 나는 누군가의 이야기를 최소한 귀로 듣고 그 뜻을 이해할 정도의 상태는 되었던 것 같다.

막내 스승은 나를 데리고 근처 공원으로 향했다. 공원으로 걸어가는 동안 그 공원이 꽤 좋다는 이야기를 들었던 기억만 난다. 나는 아직 이야기를 경청할 준비가 되어 있지 않았다. 공원으로 향하는 동안 나는 앞을 보지 않았다. 내 눈은 세상을 피해 땅바닥을 기어가고 있었다. 공원에 도착해 비로소 눈을 들어 주위를 살폈다. 내 주위와 공원 내부가 격리된 것처럼 느껴졌다. 죄인들이 감금되어 이동하듯 발걸음은 무거웠고 세상과 격리된 나 사이에 보이지 않는 벽이 있는 듯했다. 주변은 고요하지 않았지만 아무 것도 들리지 않았다. 즐겁게 뛰어다니는 아이들도, 번데기를 파는 아저씨도, 팔짱을 끼고 산책하는 연인들도, 눈에 보이는 공원의 모든 것의 소리를 최대한 줄인 브라운관으로 보는 것 같았다.

그 공원 안에서 나는 철저하게 이방인이었다. 아마도 막내 스승이 옆에 있다는 것을 인지하지 않았다면 도망치듯 아무도 없는 공간 속으로 나를 밀어 넣고 또 다시 나 자신을 혐오했을 것이다. 나는 내게 더 이상 더할 수 없을 만큼 혐오를 갖고 있었고 격리를 실체화한 그 공원은 혐오를 더 짙게 만들었다. 혐오는 대상의 인격을 말살하고 파괴한다. 그래서 무너지기 전에 단호하게 대처해야 한다. 법적으로 최대한 자신을 보호할 방법을 찾아내 무책임하고 파렴치한 행위에 대응해야 하고 대응할 수도 있다. 하지만 안으로부터의 혐오에는 어떻게 대처해야 할까? 눈을 감고 귀를 막는다고 벗어날 수는 없다. 법적으로 처벌할 수도 누군가에게 부탁해 그만하라고 사정할 수도 도움을 받을 수도 없다. 우울증 안에서 경멸, 부정, 증오, 혐오에서 벗어날 방법을 도저히 찾을 수 없었다.

철저히 혼자가 되는 것은 비겁한 도피였지만 나는 살아야 했고 그렇게 도망치는 것이 살 수 있는 유일한 방법이라고 생각했다. 그 숨막히는 공간 안에서 막내 스승은 몇 마디 던졌다. "누가 너를 힘들게 하니?", "누가 네게 아버지에게 소주를 사라고 하고 어머니에게 과일을 사다 주라고 하니?", "누가 네게 너를 증오하고 혐오하고 경멸하라고 하니?" 나는 물어본 적이 없었다. 누가 그러라고 했는지, 왜 그래야 하는지 아무 것도 묻지 않았다. 누구에게 물어야 하는지 생각해보지도 않았다. 지금은 알고 있는 사실이지만 나는 애당초 내게 먼저 물어봤어야 했다. 막내 스승은 내가 되어 물었고 나는 나로서 대답했다. 내가 묻고 내가 대답해야 했기에 답도 내가 찾아야 했다. "너 스스로 뭘 잘못했다고 생각하니?", "부모님에게 상처 준 것, 주위 사람들에게 피해를 준 것, 친구를 챙기지 못한 것" 등등 수많은 잘못을 나열한 후 나는 태어난 것이 잘못이라는 결론을 내렸다. "도대체 누가 네가 태어난 것이 잘못이라고 하는데? 부모님은 네게 잘못했다고 하지 않았어. 네 주위 사람들도 네가 빚을 다 갚은 순간 네가 잘못한 거라고 하지 않았어. 아니, 애당초 그들은 그 사실을 별로 신경쓰지도 않았어. 아무도 신경쓰지 않는 걸 붙잡고 있는 거야? 다시 한 번 물어볼게. 누가 네게 네가 잘못했다고 말했니?" 나는 정답을 알고 있었지만 대답하는 데 너무 큰 용기가 필요했다.

그건 다름 아닌 나였다. 내게 죽으라고 말한 것도 잘못했다고 말한 것도 부모에게 소주와 과일을 사줘야 한다고 했던 것도 동생에게 용돈을 줘야 하고 친구에게 밥을 사야 한다고 했던 것도 나였다. 세상에 나를 증오하는 사람은 오직 나뿐이었다. 그리고 나는 내게 말해주었다. "괜찮아. 너는 잘못하지 않았어. 그동안 많이 힘들었지? 힘들게 해서 미안해. 고생했어." 나는 그렇게 진짜 나를 만났다. 3년이 넘는 약물치료, 수많은 상담, 봉사활동, 시간이 갈수록 깊어지는 죄책감, 너무나 고통스러웠던 불면의 날들… 나는 나를 먼저 만나야 했고 내게 먼저 물었어야 했다. 나를 먼저 동정해야 했고 나를 먼저 사랑해야 했고 나를 먼저 믿었어야 했다. 태어나 한 번도 자신을 사랑해주지 않았던 내게 먼저 사과해야 했다. 나는 나를 만나 내 목소리를 듣는 순간 알았다. 나는 잘못되지 않았음을…

나는 존재하는 것만으로도 충분히 가치 있는 인간임을 온몸으로 느끼게 되었다. 짜릿했다. 온몸에 소름이 돋아 몸이 덜덜 떨렸으며 냉동창고에 들어온 듯 등 뒤가 서늘해졌다. 나는 그 순간 태어나 처음으로 나 자신이 가엾어 울었다. 3시간 동안 쉬지 않고 펑펑 울었다. 멈출 수도 멈춰서도 안 되는 눈물이었다. 그저 가엾고 미안했다. 그 긴 시간 나 자신을 지옥 속으로 밀어 넣었던 내가 너무 안스러워 울었다. 나는 괜찮았다. 병이 나아 괜찮은 게 아니라 병에 걸려 있던 순간에도 나는 괜찮았다. 쉴 새 없는 눈물에 앞은 보이지 않았지만 머릿속 깊은 곳에서 뭔가가 깨어나는 듯 선명해졌고 맑아져 왔다. 곧이어 내 몸 안에 도사리고 있던 뭔가가 '툭'

떨어져 나가는 것 같았다. 부정, 비난, 혐오, 증오, 경멸의 감정이었으리라. 3시간 동안 울고 3시간 동안 사과하고 3시간 동안 사랑하고 나니 몸은 무너질 듯 휘청거렸지만 정신만큼은 정오처럼 깨어 있었다.

나는 가장 귀한 사람이었다. 적어도 내게는 세상 누구보다 가장 귀한 사람이어야 했다. 내가 아무리 울어도 주변 사람들은 별 관심이 없었다. 너무나 간단한 일이었다. 세상은 내게 별 관심이 없다. 내가 내 부모에게 소주와 과일을 사다 주지 않아도 동생에게 용돈을 못 주고 친구에게 밥을 사주지 못해도 그들은 신경쓰지 않는다. 내가 3시간 동안 미친 듯 웃고 처절히 울어도 사람들은 별 관심이 없다. 내가 관심을 가져야 할 유일한 대상은 오직 나 자신이었다. 미안함에 몸서리쳤지만 고마운 감정이 더 크게 다가왔다. 살아있어 너무나 고마웠다. 죽지 않고 잘 살아 있어 고맙고 또 고마웠다.

엎지른 물은 또 담으면 된다. 물이 아무리 먼 데 있어도 결국 찾아가 새로 담으면 된다. 그 먼 길을 가는 동안 비라도 오면 더할 나위 없이 감사할 거다. 컵이 깨지지만 않으면 된다. 쉽게 깨질 컵을 깨지지 않게 단단히 만들면 된다. 아무리 먼 길을 돌아가도 내 컵을 깨지지 않도록 소중히 여기면 된다. 그리고 그것을 진정으로 단단히 만드는 방법은 '진짜 나'를 만나는 것이었다. 가짜 내가 아닌 진짜 나를 만나면 된다. 자신의 목소리에 귀 기울이고 자신을 동정하고 사랑하고 전적으로 신뢰하면 된다. 나는 잘못되지 않았다. 살아 있고 울고 있으며 사랑하고 있다. 내가 웃어야 세상이 웃는다. 진짜 나를 만난 이후 내 부모님, 내 동생, 내 친구의 얼굴에 미소가 돌아왔다.

내 세상은 오직 내 눈으로만 보인다. 내가 웃지 않으면 내가 행복하지 않으면 내 주위도 웃을 수 없고 행복할 수 없었다. 내가 그걸 몰랐다. 나만 그걸 몰랐다. 더 일찍 알았어야 했다는 생각은 아무 의미가 없었다. 나는 알았고 그것으로 차고 넘쳤다. 나는 사랑받고 행복해야 마땅한 사람이었다. 살아 있어서 그랬다. 살아만 있으면 변할 수 있었다. 오늘 행복하면 내일도 당연히 행복할 수 있었다. 나는 살 수 있었다. 과거의 그 어떤 기억도 나를 불행하게 할 수 없었다. 과거의 그 어떤 것도 지금의 나, 오늘의 나에게 아무 영향을 미치지 못했다. 나는 오직 오늘만 존재했으며 그것으로 족했다. 긴 시간 동안 스스로 만든 지옥에 갇혀 벗어나지 못한 것은 오직 한 가지뿐이었다. 진짜 나를 만나지 못한 것, 내 목소리를 들으려고 하지 않은 것뿐이었다. 나는 날 때부터 아니, 나기로 예정된 순간부터 행복한 사람이었고 가치가 있는 인간이었다(2018

년 7월 30일).

네거리에서…

이 세상 누구보다 맑고 순수한 영혼이 지상을 떠났다. 우리는 혈육을 떠나 우정을 나누는 친구에 가까웠다. 널 보러 가는 네거리에서 길을 잃었다. 바람은 매섭게 차고 차는 질주하는데 네가 당도한 곳이 어디인지 묻기 무섭게 너와 걷던 율동공원, 맥주, 환한 미소, 찻집, 출근통지서 그리고 우리만 도달했던 둥지에서 네가 손짓하며 말한다. "저는 괜찮아요"

하지만 오늘 나는 괜찮지 않다. 눈이 올 것 같은 하늘 아래서 네가 없는 이 땅은 괜찮지 않다. 또 얼마나 시간이 흘러야 네 말대로 괜찮아질까? 너 없는 세상은 여전히 쉽게 괜찮지 않을 것이다. 낯선 사람들이 널 보러 몰려들고 있다. 만만치 않은 세상을 살아갈 사람들이 왜 너 없는 곳에 몰려드는지 의아하다.

네가 붙여준 이름값('사랑하는 막내 스승') 깜냥이나 될지 의심스럽다. 오늘 불쑥 그 호명을 네 비아냥과 함께 듣고 싶다. 사랑하는 식아! 너는 누가 뭐래도 순수한 영혼의 소유자이며 친구이자 애제자이고 내가 가장 사랑하는 영혼이었다. 네가 당도한 그 땅에서는 부디 아프지 말고 살아다오. 나는 철따라 둥지를 박차고 날아올라 세상을 선회하며 네 미소를 추억하고 견디기 힘들 때는 목숨을 내걸고 정면 돌진하며 살아보겠다. 언제나 초롱초롱한 참새의 생명력처럼 살아내다가 길 위에서 조용히 전사하겠다.

아무 준비도 하지 않고 산기슭, 벌판, 햇살 아래든 계곡이든 가리지 않고 무엇보다 서둘거나 허둥대지 않고 어디든 생명이 다한 곳에서 거침없이 내주겠다. 널 만났던 '지점'에 혹시 당도하면 우리 그때는 꼭 한 번 안아보자. 그때 안부를 물어보마. '괜찮은지' 하지만 지금 나는 영 괜찮지 않다.

눈이 올 것만 같은 네거리에서…
"너, 괜찮은 거냐?"

잘 가라! 세상에 하나뿐이던 친구야!

참고문헌

- 강진령, 이현정(2005). 중학생용 직업카드 개발과 타당화. **교육과학연구**, 36(2), 1-17.
- 권옥자, 유혜숙, 배인자, 윤애희, 정은주, 박정민(1994). **유아를 위한 교수 매체의 이론과 실제**. 형설출판사.
- 권진희(2011). "정서 인식의 명확성과 정서 표현성 및 대인관계 문제의 관계". **상담평가연구**, 4(1), 37-49.
- 권헌숙(2015). 초등학생용 감정 카드와 바람 카드 개발 및 공감능력 증진 프로그램 개발과 효과 분석: 공감 능력, 친사회적 행동, 정서 인식 및 표현 능력을 중심으로. 박사학위 논문. 대구대.
- 김기은, 김영돈, 김희정, 서난희, 황정아(2021). **동기면담 기반** "변화를 돕는 의사소통카드". (주)학지사
- 김도연(2010). 간호사의 의사소통 능력과 의사소통 유형이 직무 만족도에 미치는 영향. 석사학위 논문. 제주대.
- 김리아(2012). 문화예술교육이 가치 변화에 미치는 영향. '명화가 있는 가치 카드 프로그램을 중심으로'. 석사학위 논문. 이화여대.
- 김아영(2010). 자기결정성 이론과 현장 적용 연구. **교육심리연구**, 24(3), 583-609.
- 김연진(2003). 고등학생용 직업카드 분류 활동을 위한 매뉴얼 개발. 석사학위 논문. 한국기술교육대.
- 김영돈(2020). '변화를 돕는 의사소통 카드' 활동에 참여한 시설 거주 노숙인의 심리 사회적 경험과 변화 동기 유발 경험. 박사학위 논문. 백석대 기독교전문대학원.
- 김윤태(2013). 감정 카드와 바람 카드를 활용한 공감 훈련 프로그램이 초등학생의 공감 능력 및 교우 관계에 미치는 영향. 석사학위 논문. 부산교대.

- 김은영(2011). 의료조직 내 의사소통과 직무 만족의 영향 관계에 관한 연구: 수술 간호사를 중심으로. 석사학위 논문. 카톨릭대.
- 나은미(2015). "NCS의 직업 기초능력과 대학에서의 의사소통 교육", **한국교양교육학회 학술대회 자료집**, 119-133.
- 동기 면담 의사소통 카드팀(2018). "변화를 돕는 의사소통 카드", 대산인쇄 광고.
- 문승규(2017). 대학생용 직업 가치 카드 개발 및 타당화 연구. 박사학위 논문. 한국기술교육대.
- 박예린(2007). 간호 관리자의 촉진적 의사소통과 간호사의 조직 몰입, 직무 만족 및 임파워먼트. 석사학위 논문. 카톨릭대.
- 박홍석, 고혜신(2018). 의사소통 프로그램이 취업 준비생의 직업 기초 능력으로서의 의사소통 능력, 인지·정서적 공감 능력에 미치는 영향. **취업진로 연구**, 8(2), 75-95.
- 법무부(2011). 약물중독 치료 매트릭스-K 프로그램 개발.
- 신수경, 조성희(2015). **중독과 동기 면담의 실제**. 학지사.
- 신수경, 조성희(2016). **알기 쉬운 동기 면담**. 학지사.
- 신수경(2021). **동기 면담 습관 만들기**. 교육과학사.
- 예명희(2017). CAKE 의사소통 카드를 활용한 의사소통 프로그램이 어머니의 의사소통 능력 및 양육 효능감에 미치는 효과. 석사학위 논문. 영남대.
- 우수경, 서윤희(2016). 예비 유아교사의 낙관성과 공감 능력 및 의사소통 능력의 관계. **열린유아교육연구**, 21(1), 367-384.
- 이현석, 최은희, 황미영(2009). "의사소통 훈련 프로그램이 대학생의 대인 관계, 갈등 해소 양식 및 자아 존중감에 미치는 효과", **청소년학연구**, 16(2), 1-22.
- 장욱희, 이상호(2009). "대학생의 역량과 구직 성과의 관계에 관한 연구", **인사관리 연구**, 33(1), 31-59.
- 장정주, 김정모(2008). 정서적 지각, 표현 및 정서 표현에 대한 양가성과 대인 관계 연구. **한국심리학회지: 상담 및 심리치료**, 20(3), 697-714.

- 최숙기(2016). "NCS 기반 의사소통 교육에 관한 국어교육적 접근", **청람어문교육**, 59, 35-69.
- 최해연, 민경환(2007). 한국판 정서 표현에 대한 양가성 척도의 타당화 및 억제 개념의 비교 연구. **한국심리학회지: 사회 및 성격**, 21(4), 71-89.

- Blair, R. J. R.(2005). Responding to the emotions of others: Dissociating forms of empathy through the study of typical and psychiatric populations. Consciousness and Cognition, 14(4), 698-718.
- Burgoon, J. K.,&Hoobler, G. D.(1994). Nonverbal signals. Handbook of Interpersonal Communication, 2, 229-285.
- Csikszentmihalyi, M.(2015). The systems model of creativity: The collected works of Mihaly Csikszentmihalyi. Springer.
- Deci, E. L.,&Ryan, R. M.(2002). Overview of self-determination theory: An organismic dialectical perspective. Handbook of Self-determination Research, 3-33.
- Deci, E. L.,&Ryan, R. M.(2017). Self-determination theory: Basic psychological needs in motivation, development, and wellness. Guilford Publications.
- Douaihy, A. B., Kelly, T. M.,&Gold, M. A.(Eds.).(2015). Motivational interviewing: a guide for medical trainees. Oxford University Press, USA.
- Elliot, A. J.(1999). Approach and avoidance motivation and achievement goals. Educational Psychologist, 34(3), 169-189.
- Emmons, R. A.,&Colby, P. M.(1995). Emotional conflict and well-being: Relation to perceived availability, daily utilization, and observer reports of social support. Journal of Personality and Social Psychology, 68(5), 947.

- Feshbach, N. D.(1990). 12 Parental empathy and child adjustment/maladjustment. Empathy and Its Development, 271.
- Kashdan, T. B.,&Roberts, J. E.(2004). Social anxiety's impact on affect, curiosity, and social self-efficacy during a high self-focus social threat situation. Cognitive Therapy and Research, 28(1), 119-141.
- King, L. A.,&Emmons, R. A.(1990). Conflict over emotional expression: Psychological and physical correlates. Journal of Personality and Social Psychology, 58(5), 864.
- Miller, W. R.(1983). Motivational interviewing with problem drinkers. Behavioral and Cognitive Psychotherapy, 11(2), 147-172.
- Miller, W. R.,&Rollnick, S.(2002). Motivational interviewing: Preparing people for change. Book Review.
- Miller, W. R.,&Rollnick, S.(2013). Motivational interviewing: Helping people change. Guilford press.
- Prochaska, J. O.,&DiClemente, C. C.(2005). The transtheoretical approach. Handbook of Psychotherapy Integration, 2, 147-171.
- Reeve, J.(2014). Understanding motivation and emotion. John Wiley& Sons.
- Reniers, R. L., Corcoran, R., Drake, R., Shryane, N. M.,&V·llm, B. A.(2011). The QCAE: A questionnaire of cognitive and affective empathy. Journal of Personality Assessment, 93(1), 84-95.
- Riggio, R. E.(2006). Nonverbal skills and abilities. The Sage Handbook of Nonverbal Communication, 79-96.
- Storm, C.,&Storm, T.(1987). A taxonomic study of the vocabulary of emotions. Journal of Personality and Social Psychology, 53(4), 805.
- Vroom, V. H.(1964). Work and motivation (Vol. 54). New York: Wiley.
- Vroom, V. H.,&Jago, A. G.(1978). On the validity of the Vroom-Yetton model. Journal of Applied Psychology, 63(2), 151.